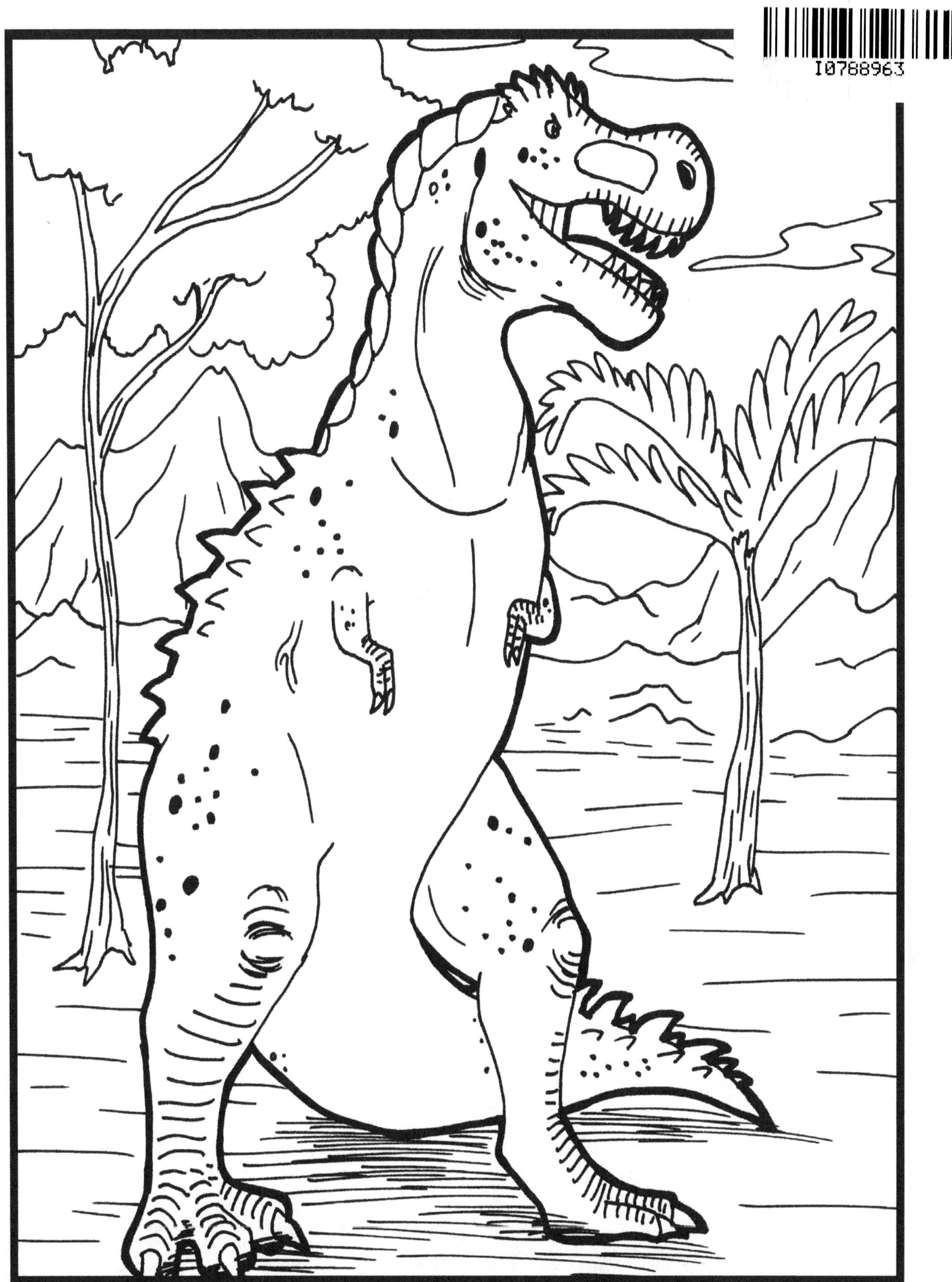
I0788963

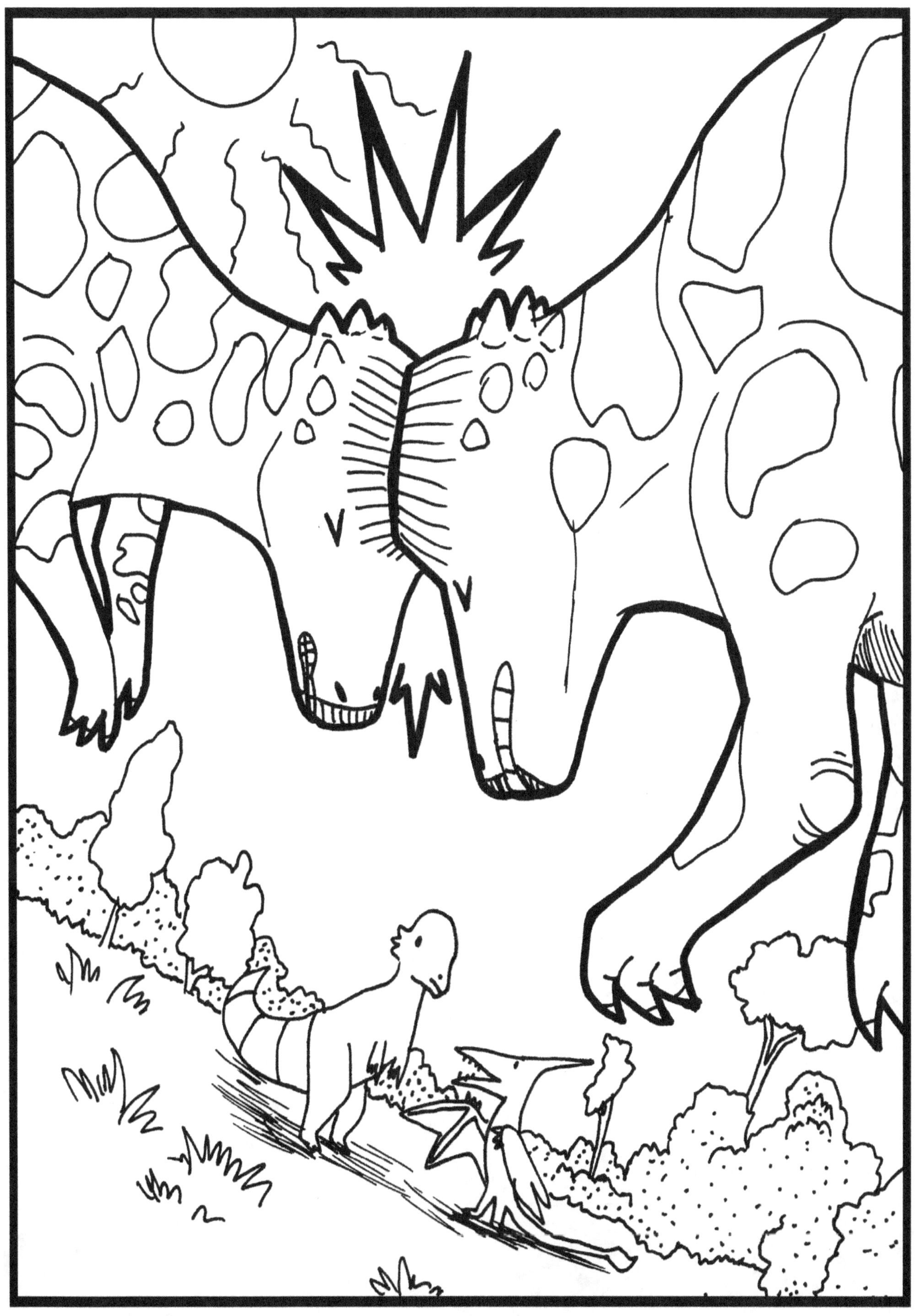

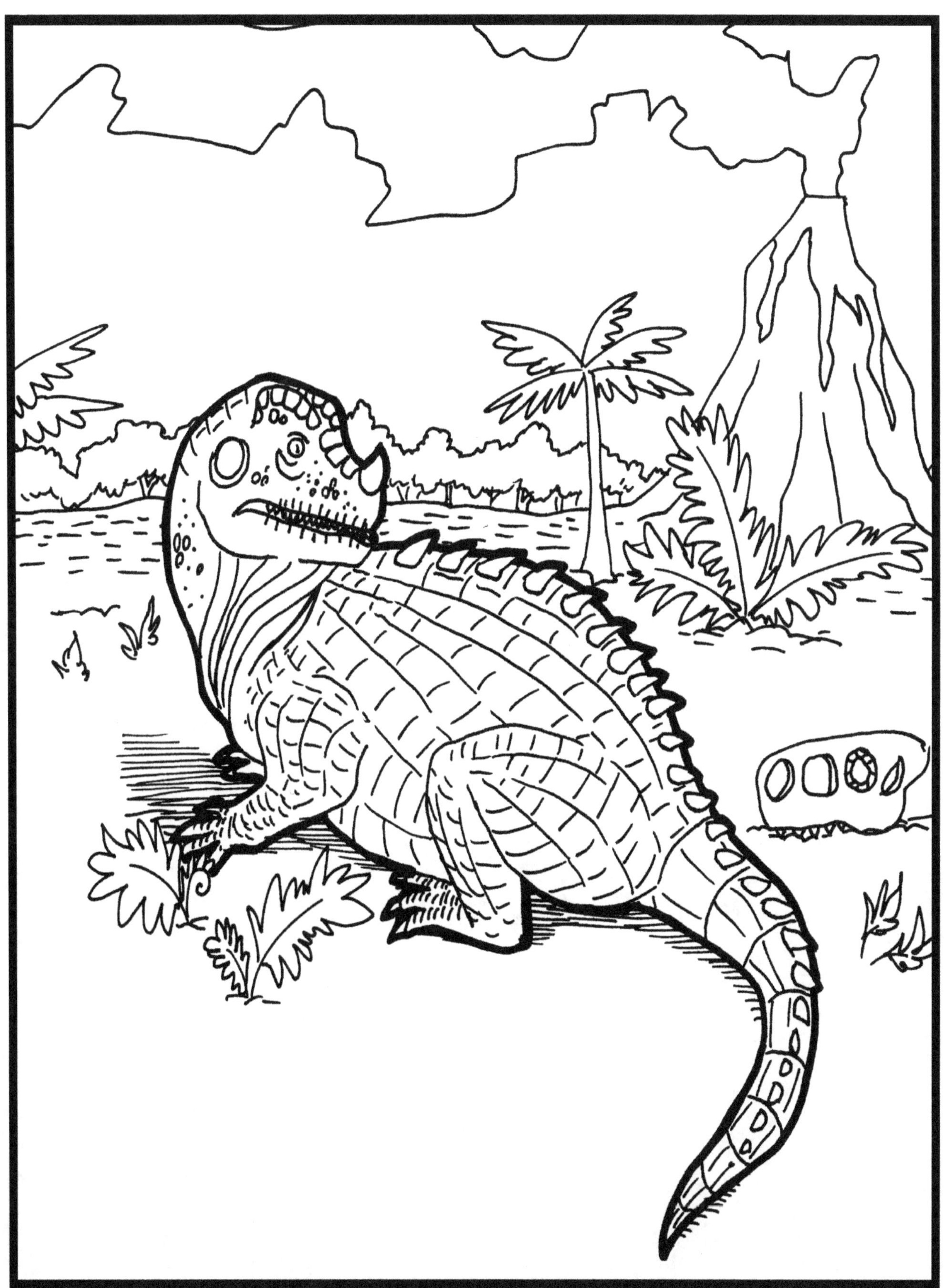

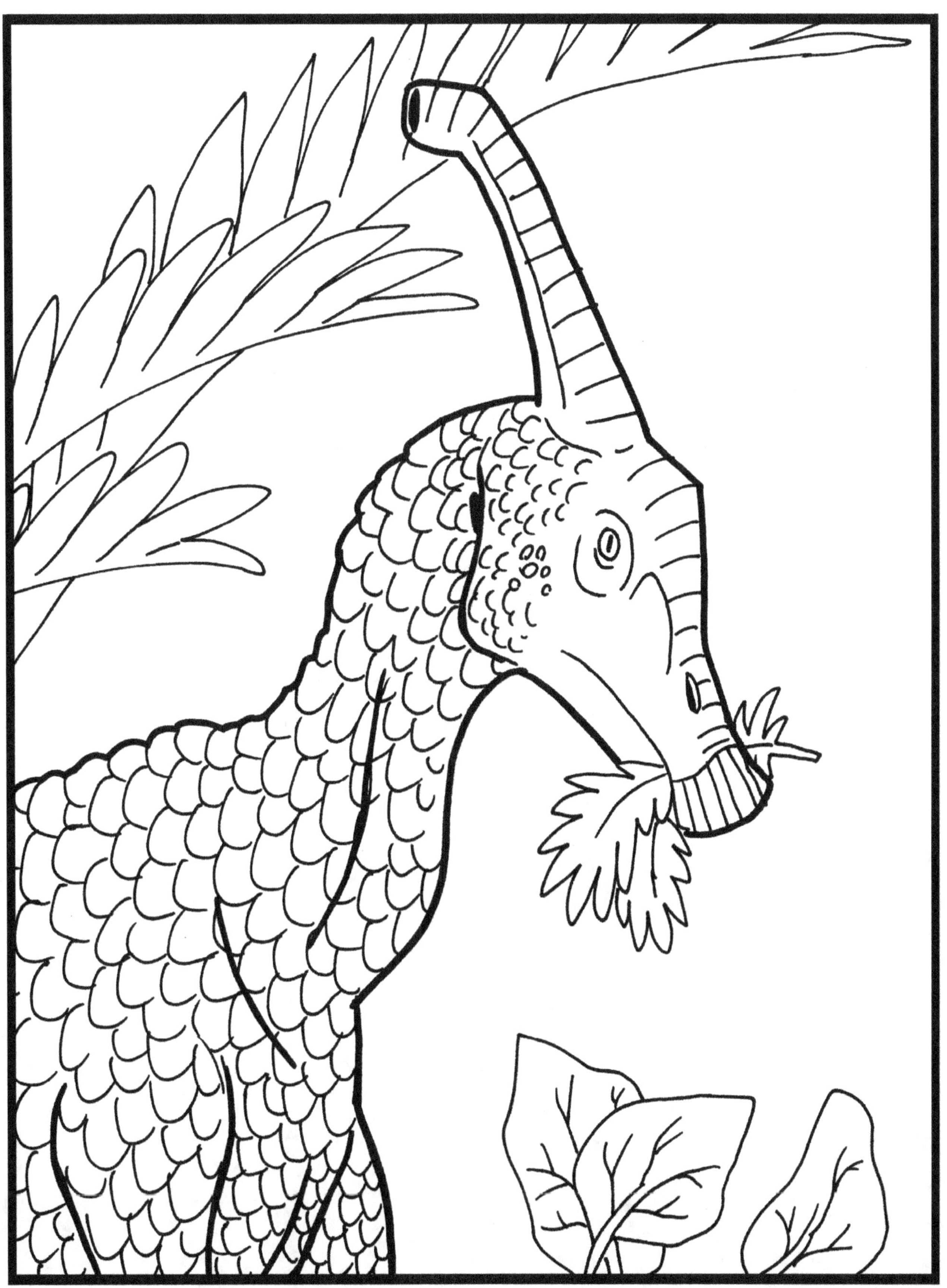

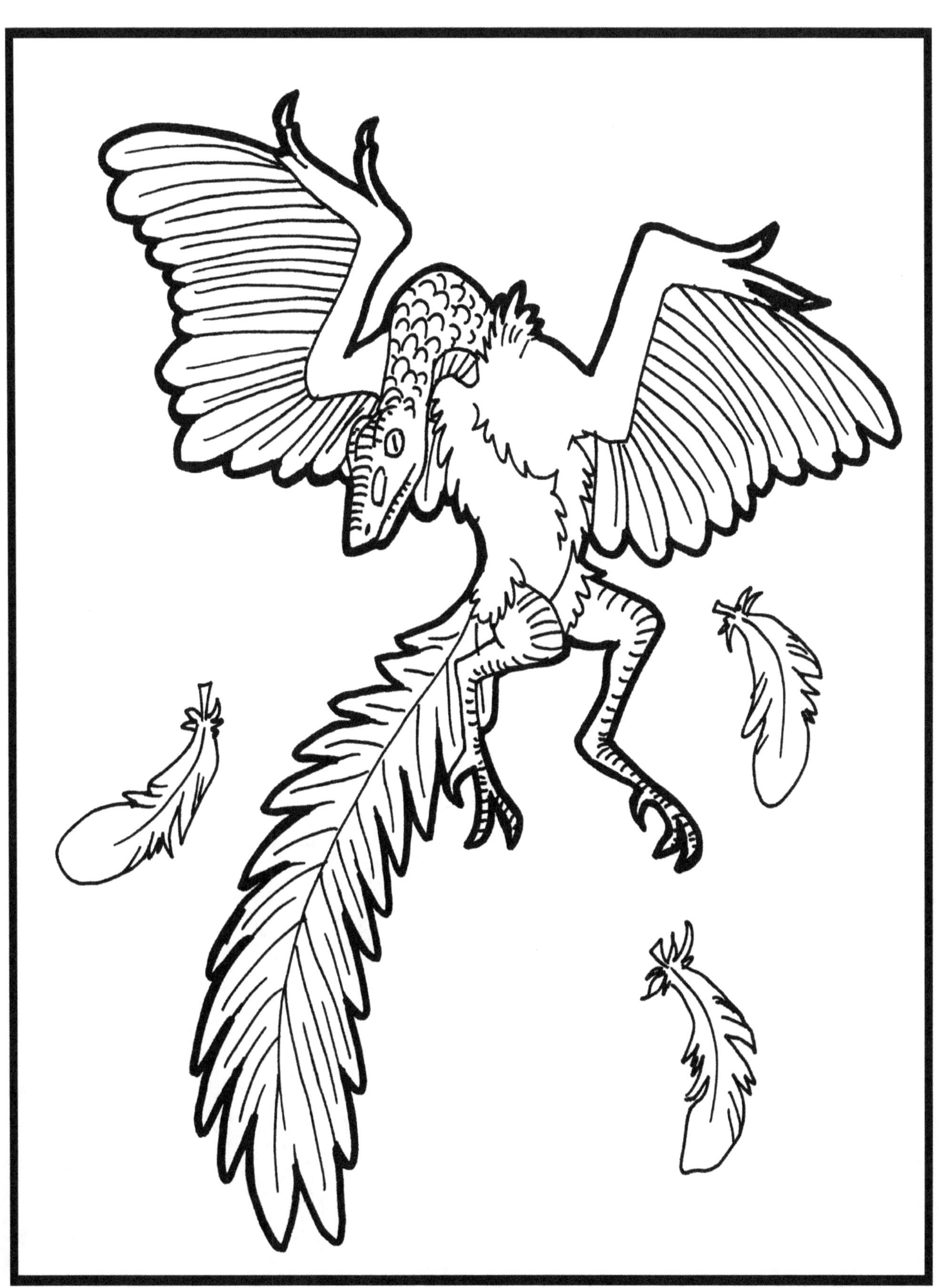

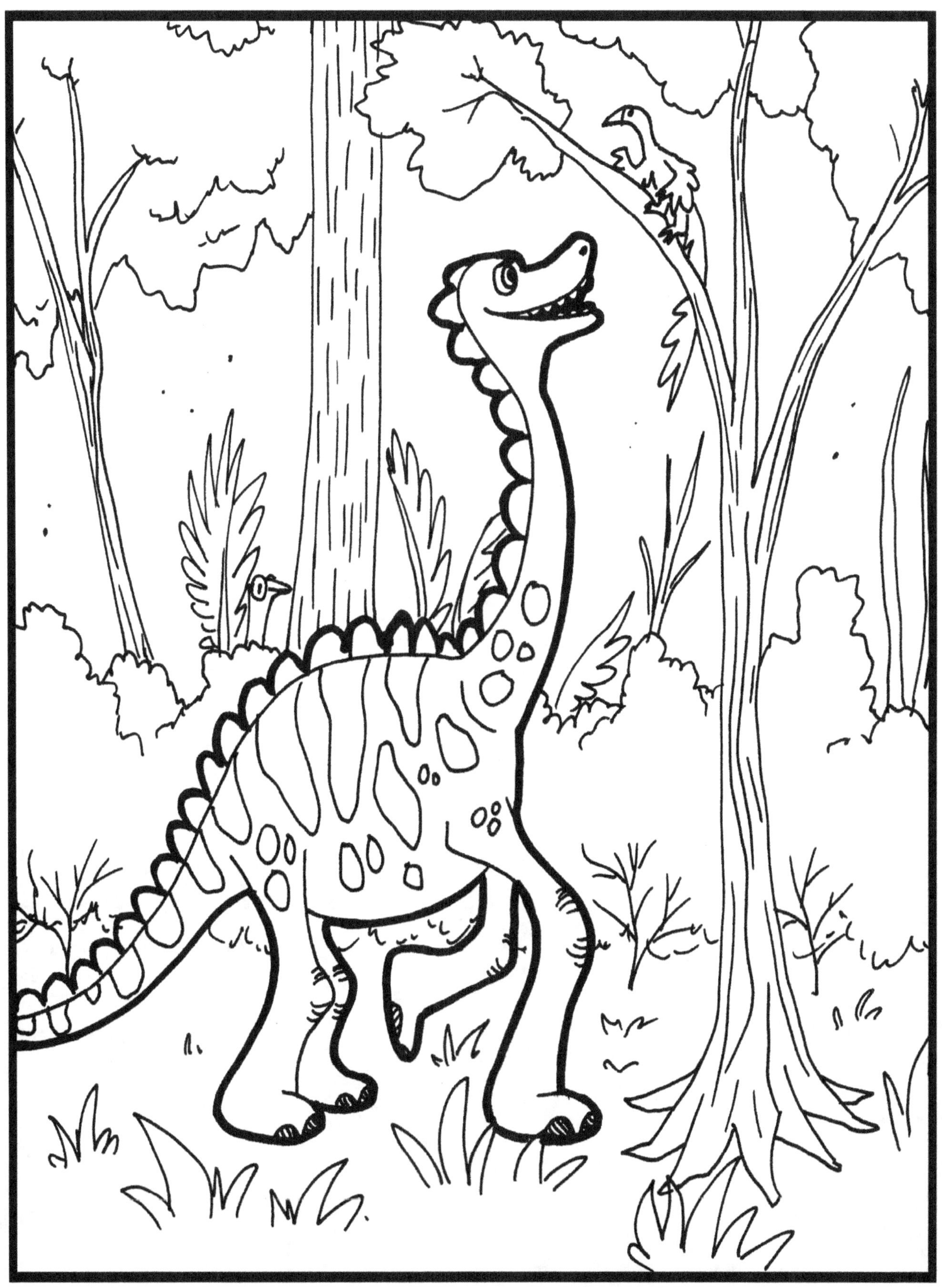

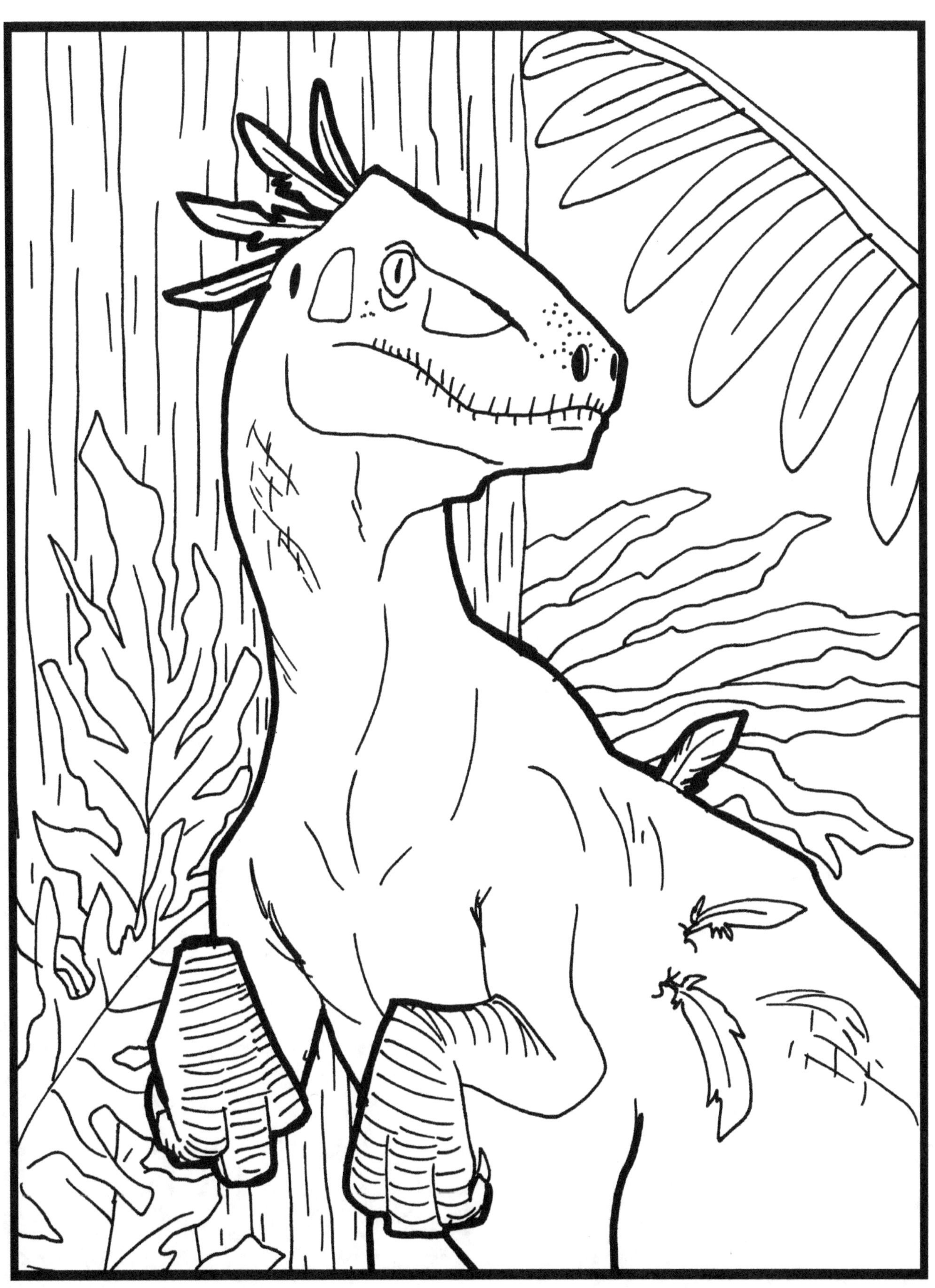

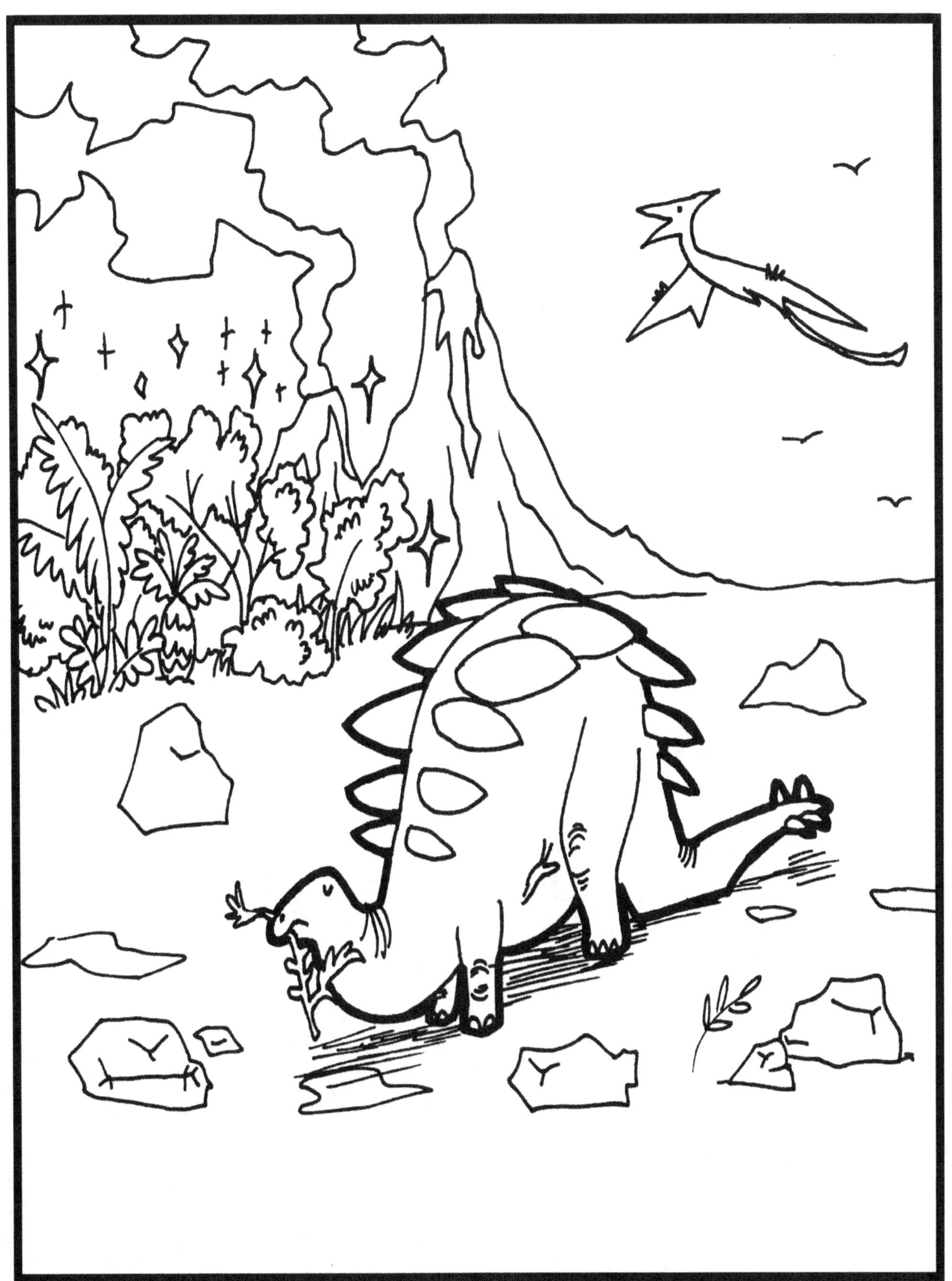

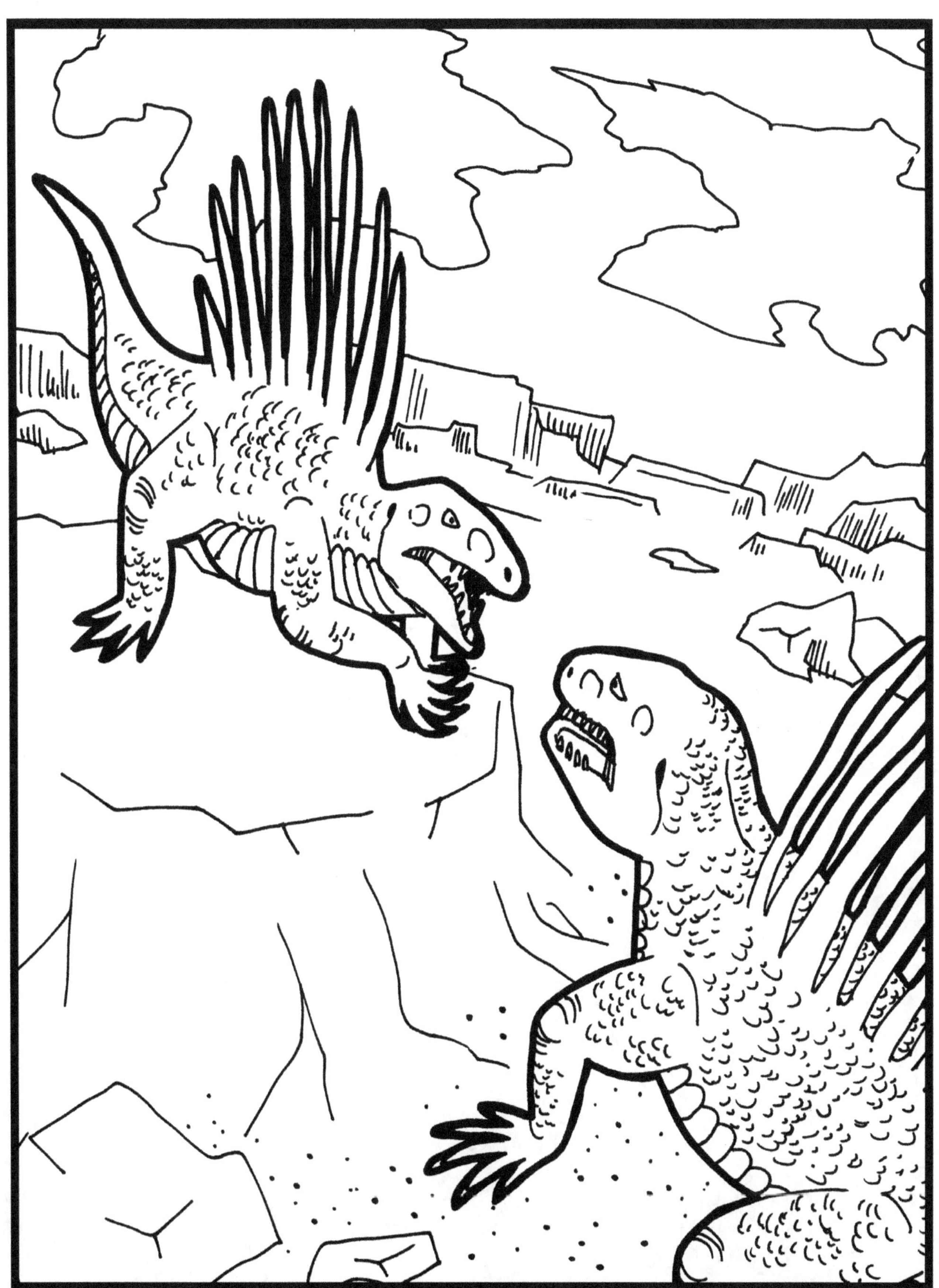

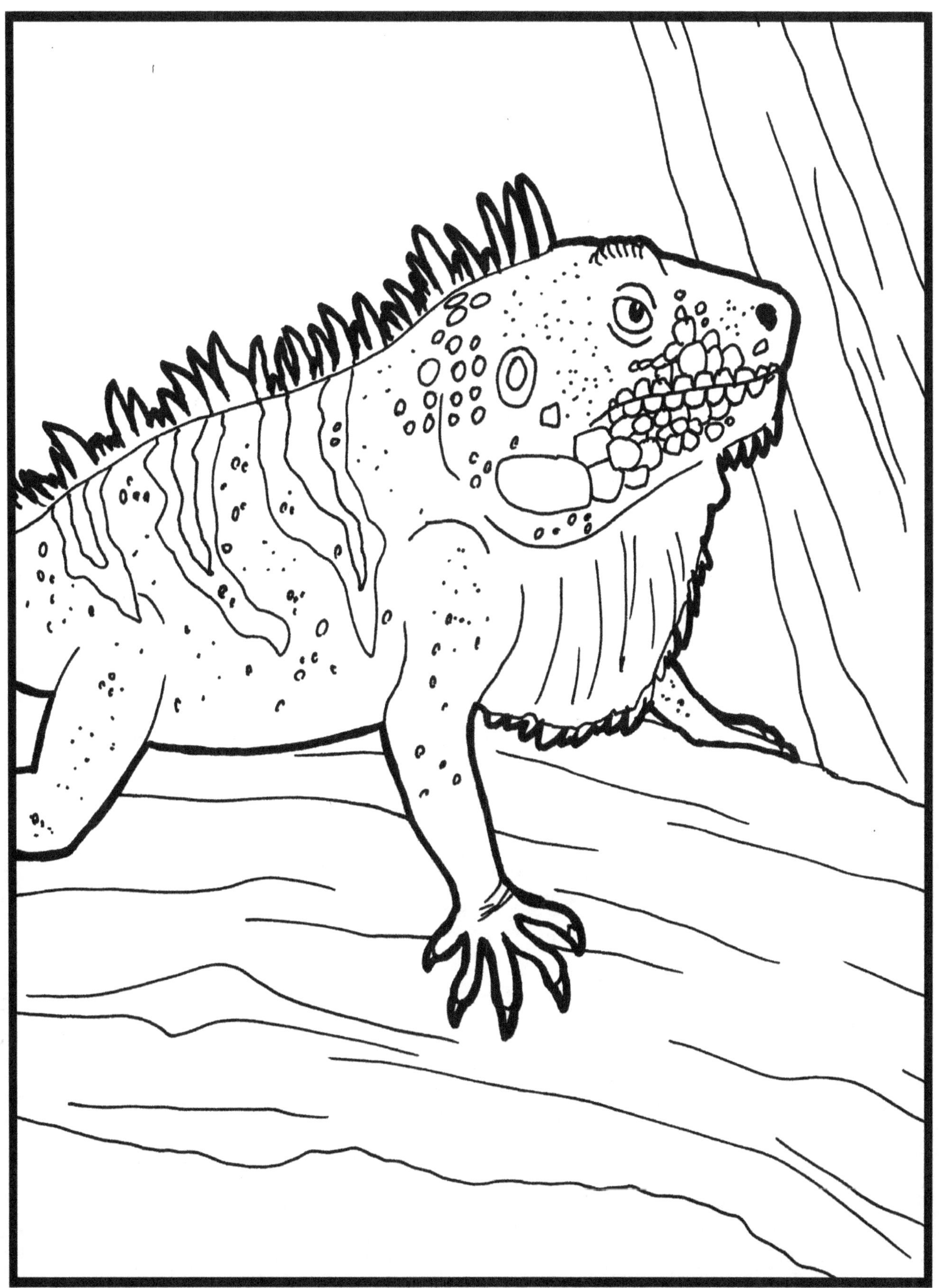

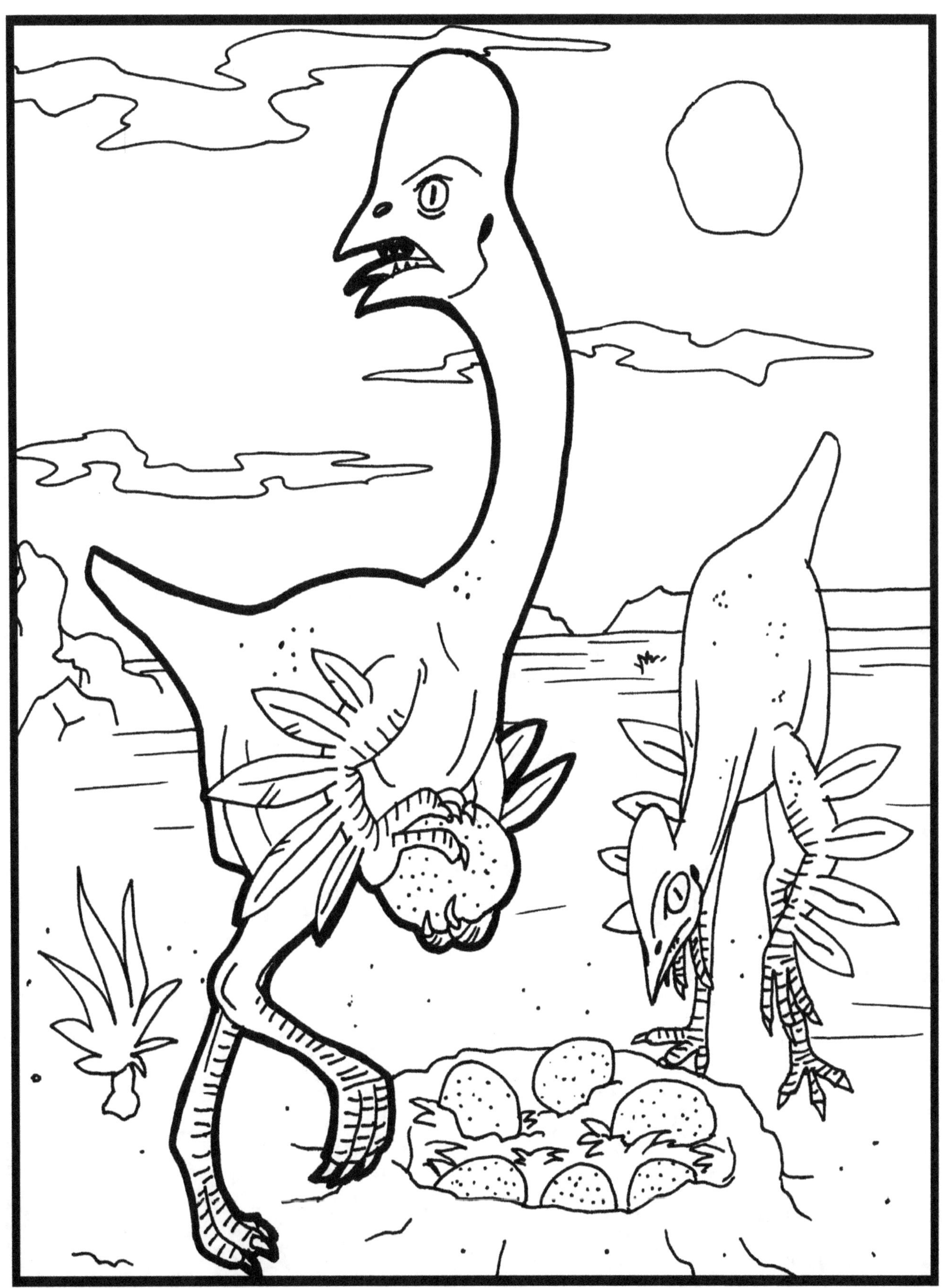

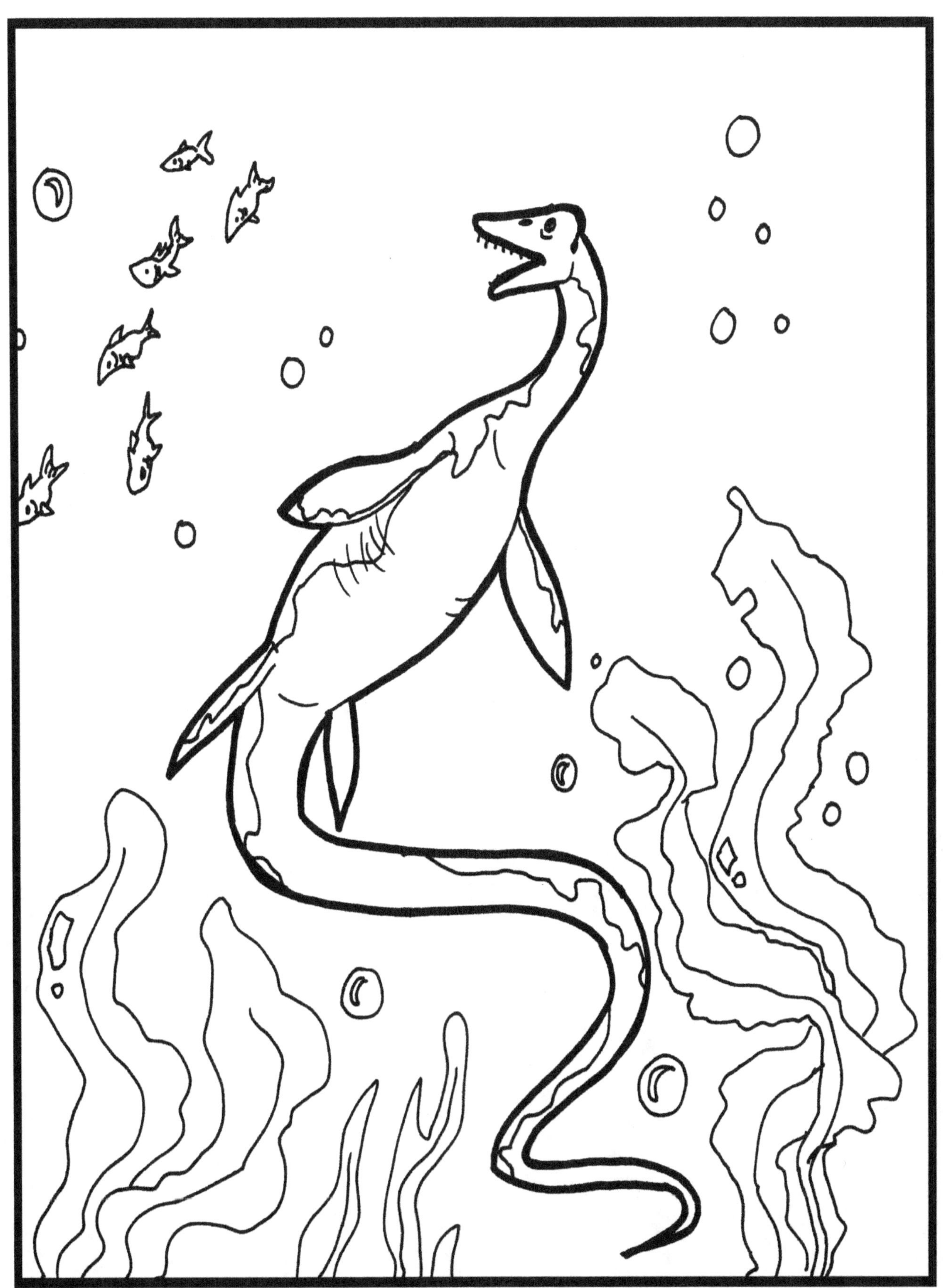

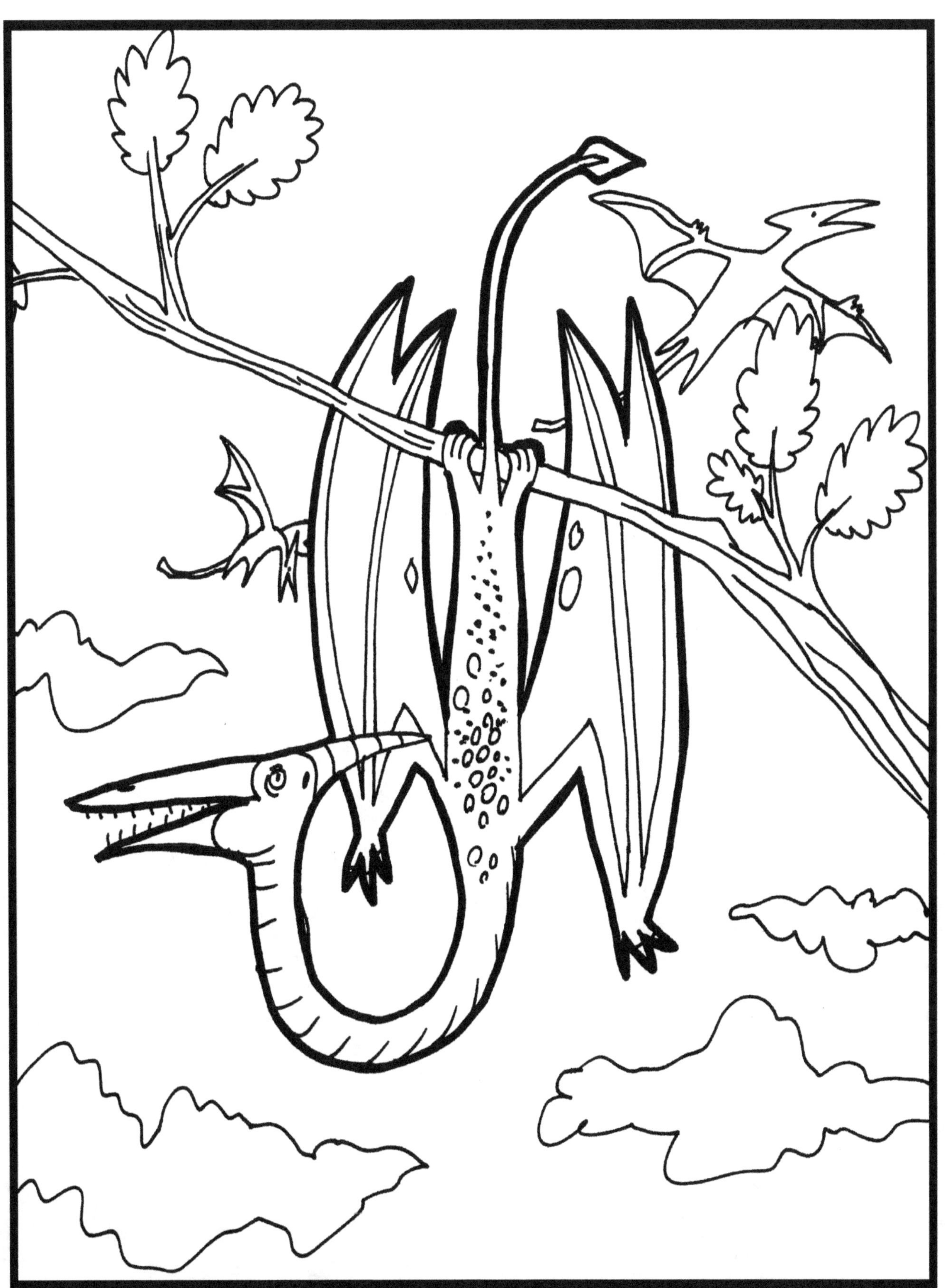

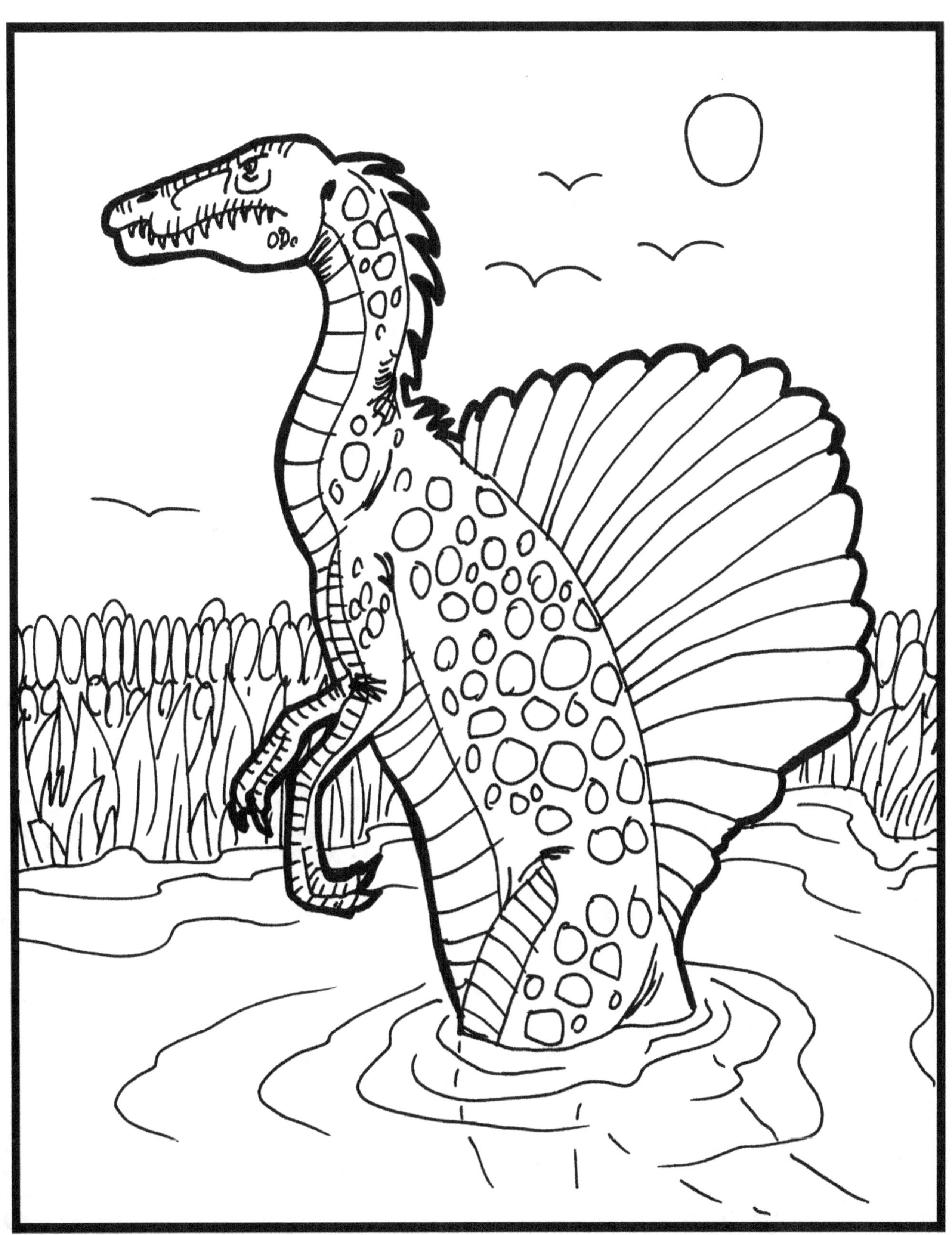

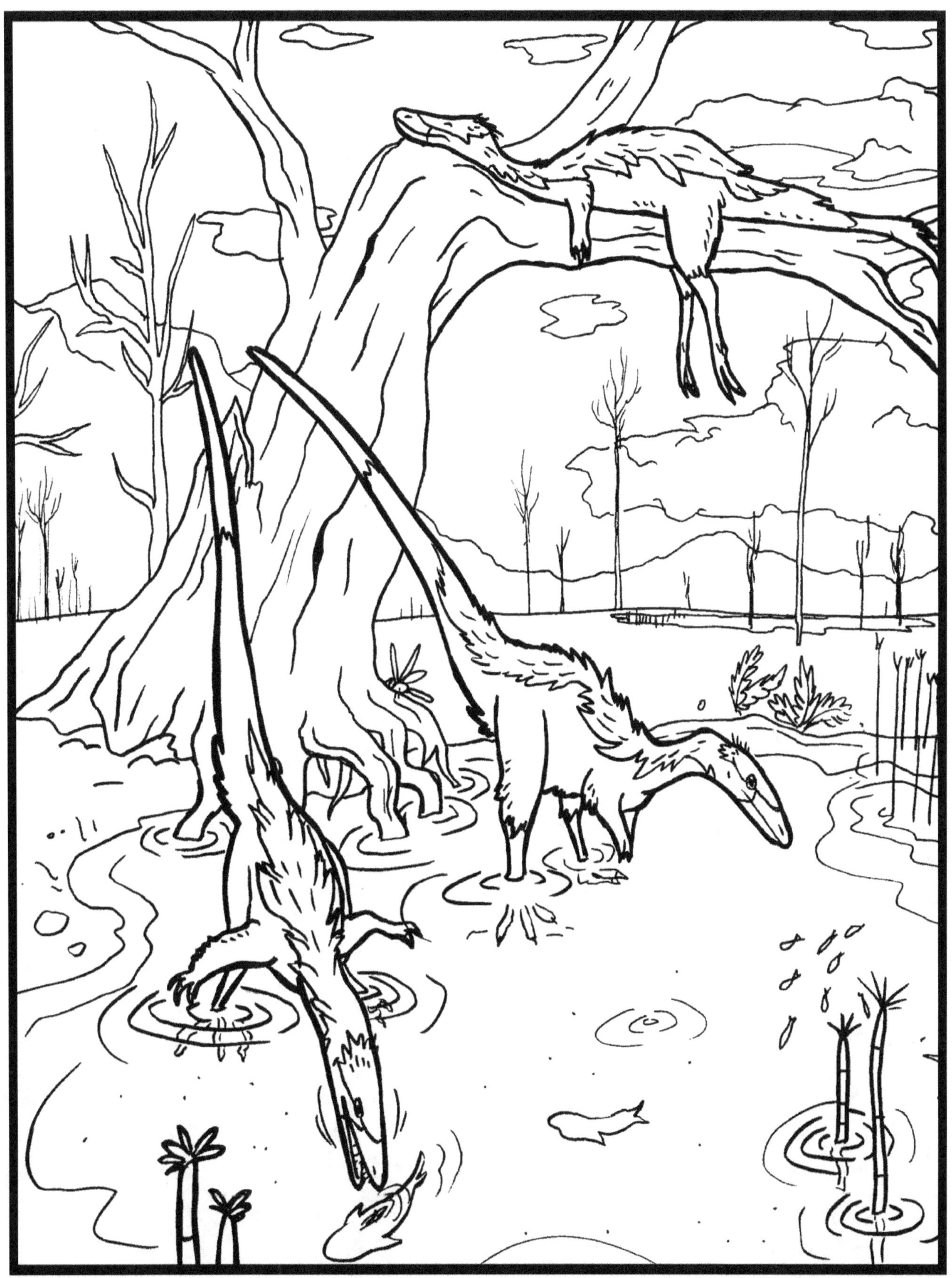

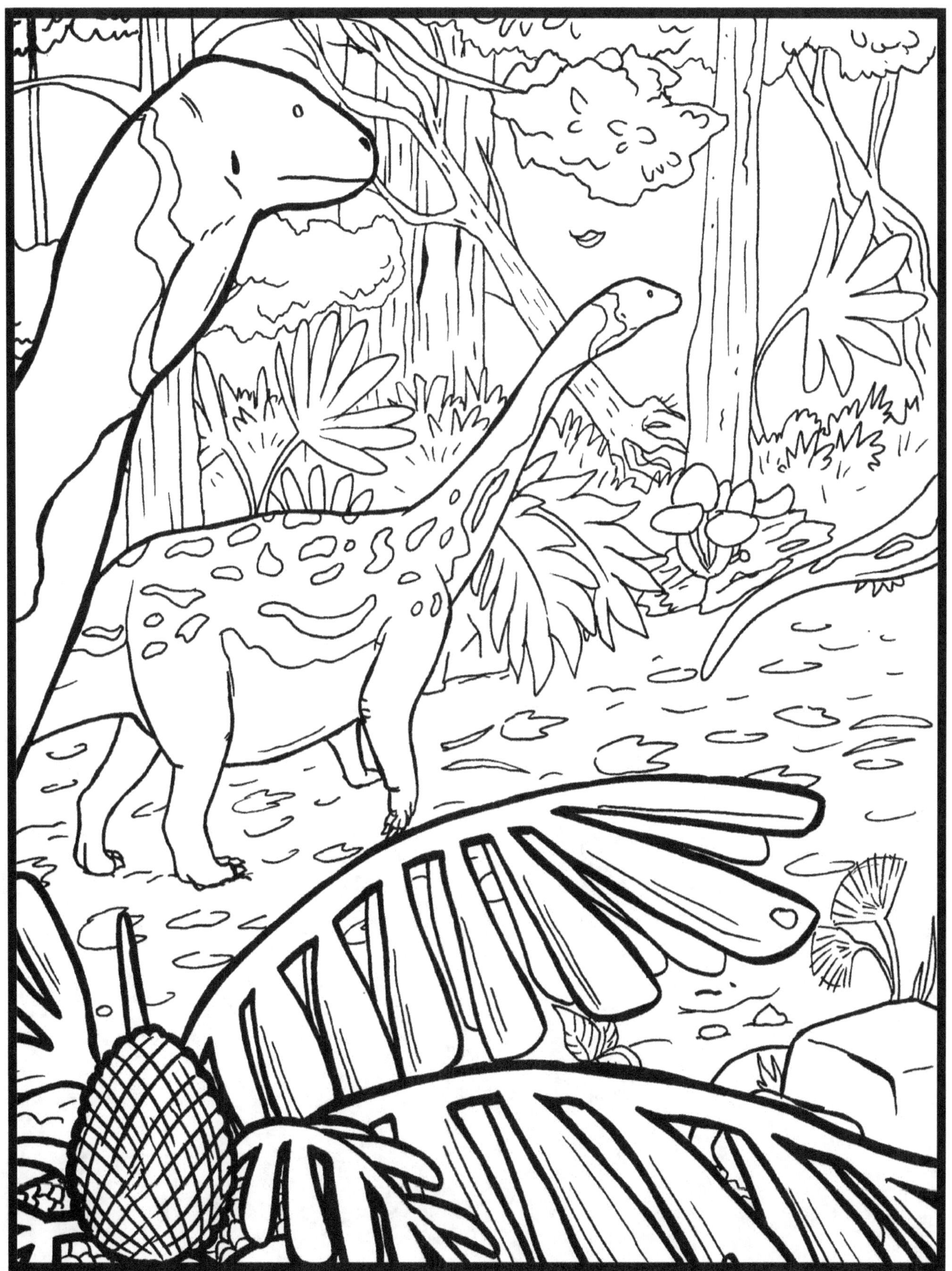

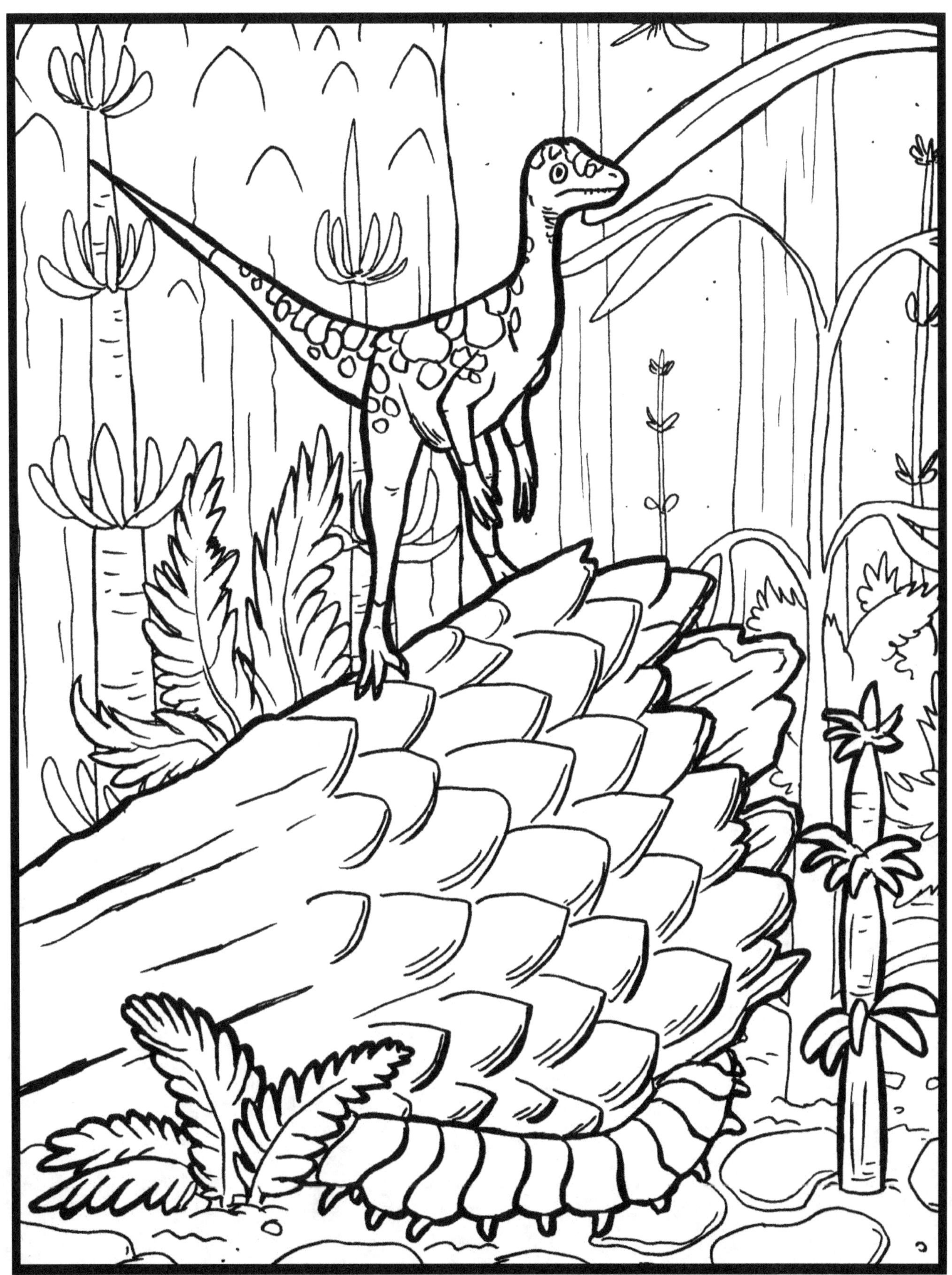

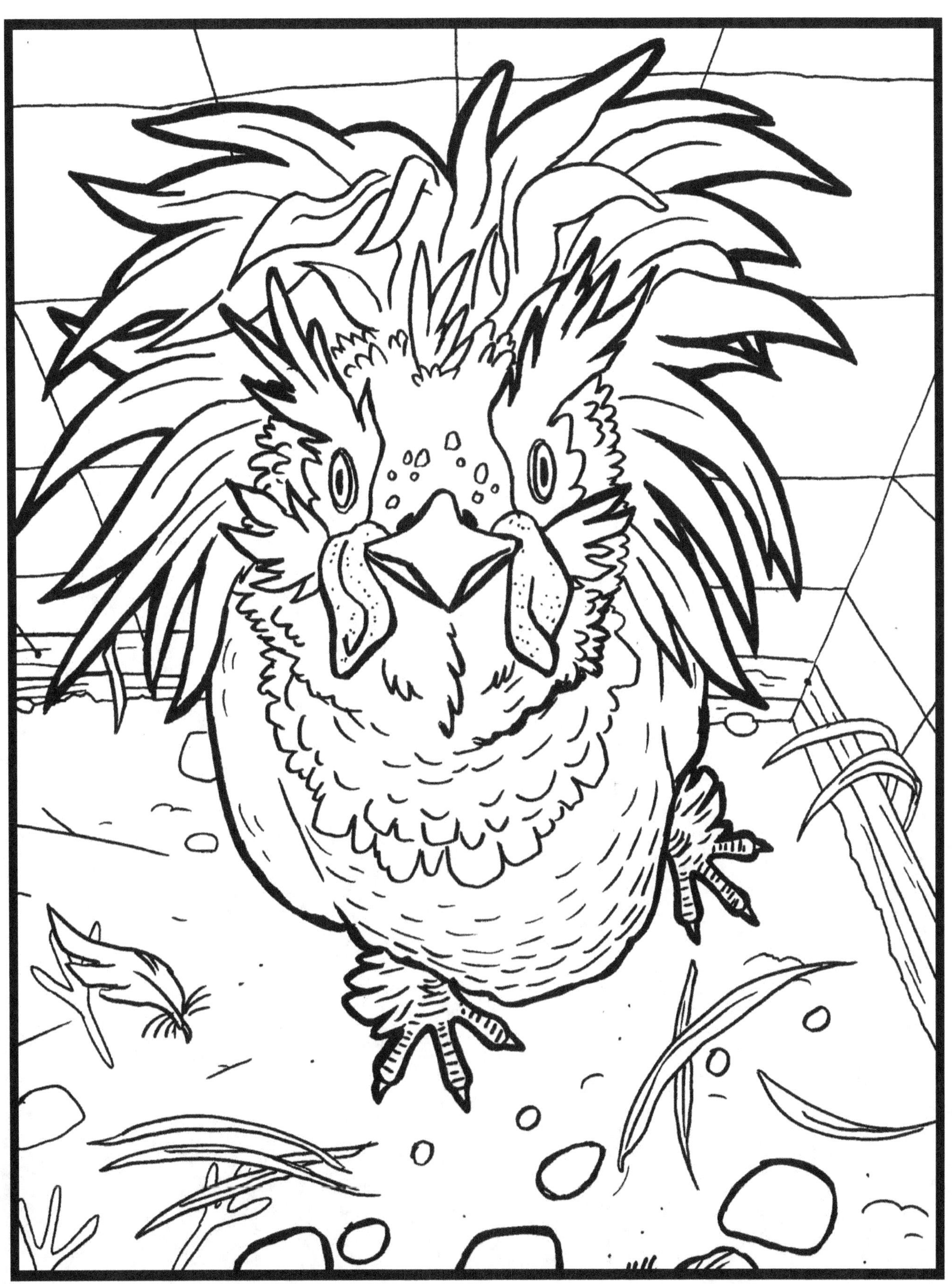

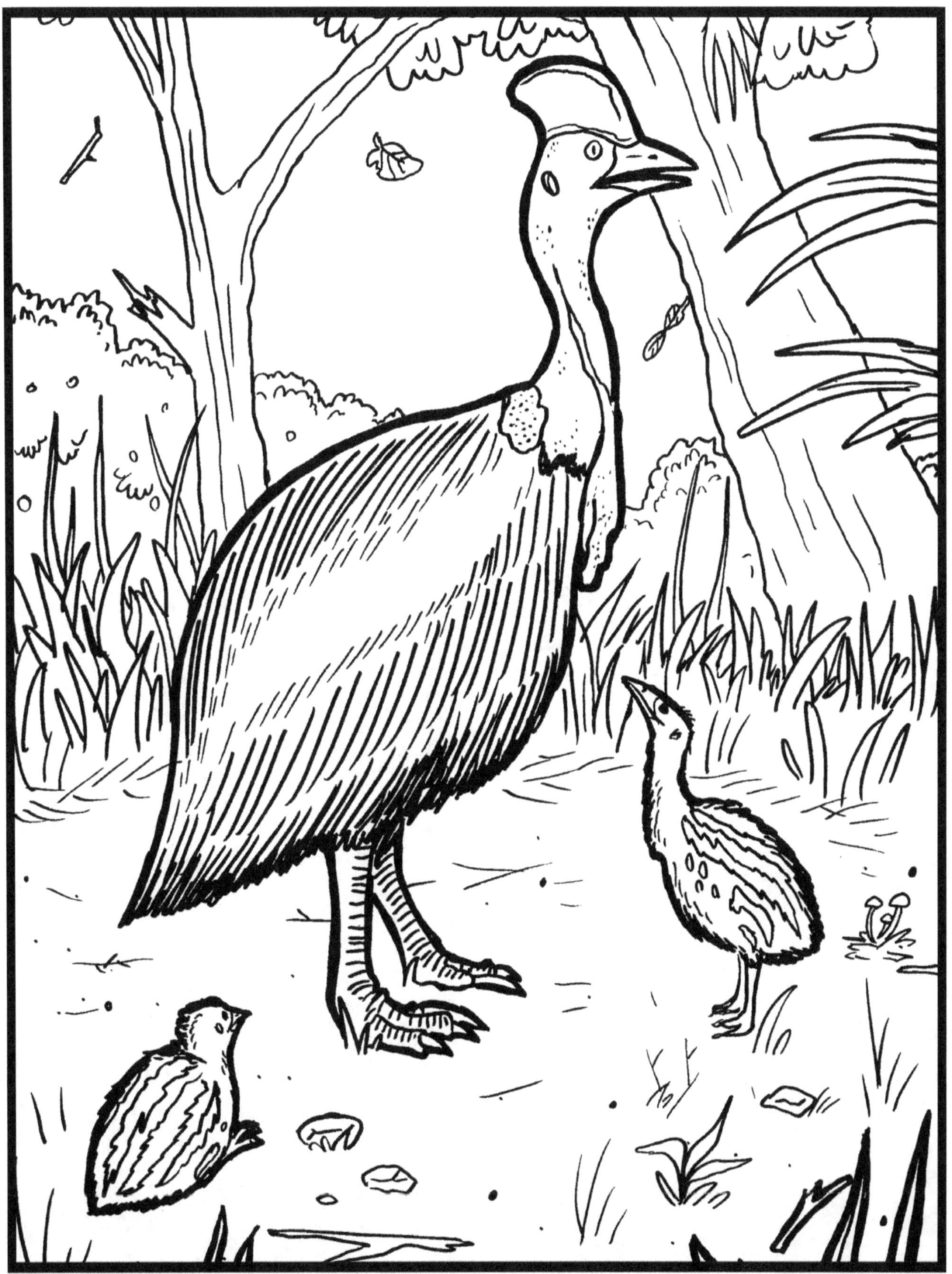

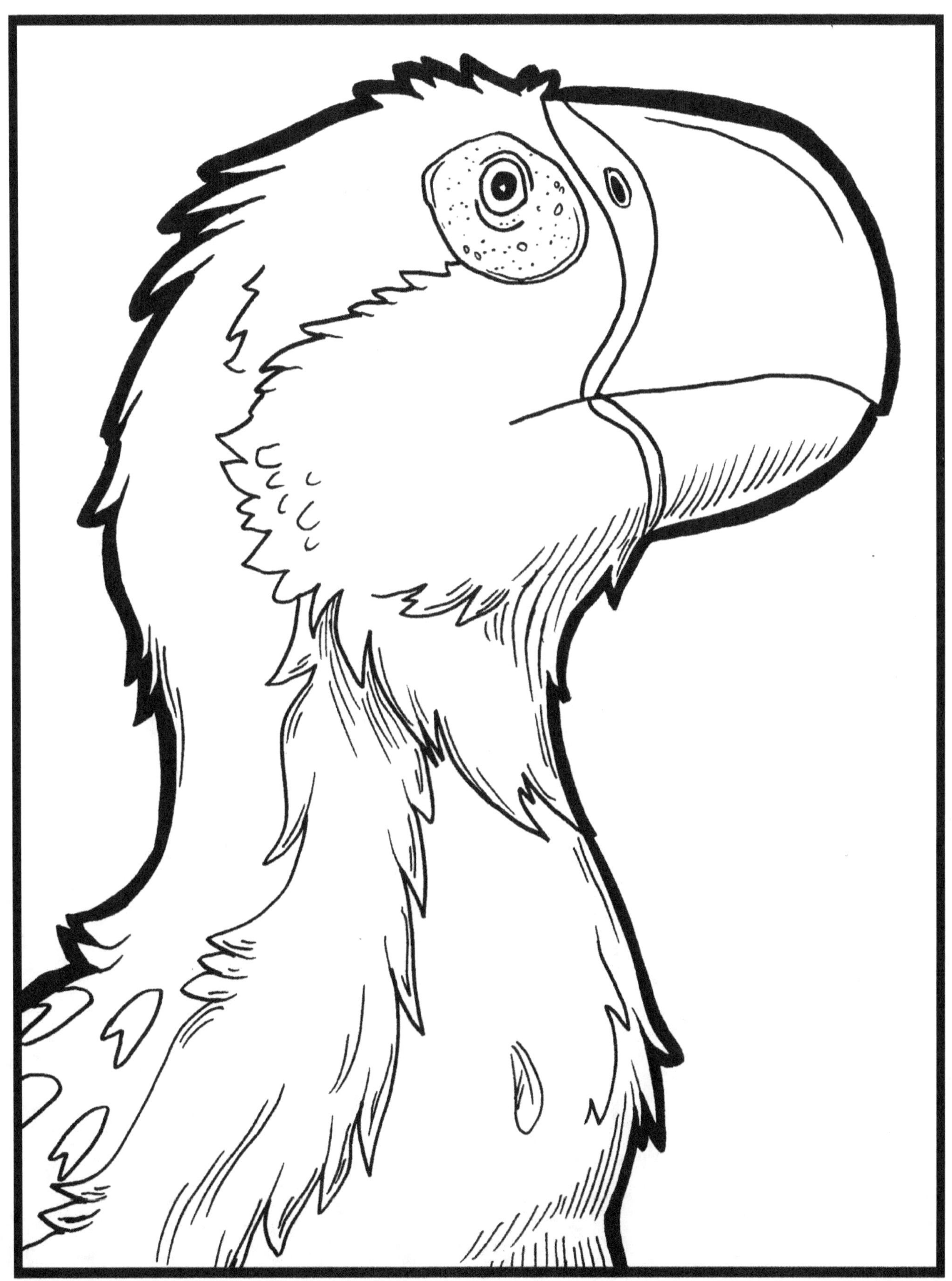

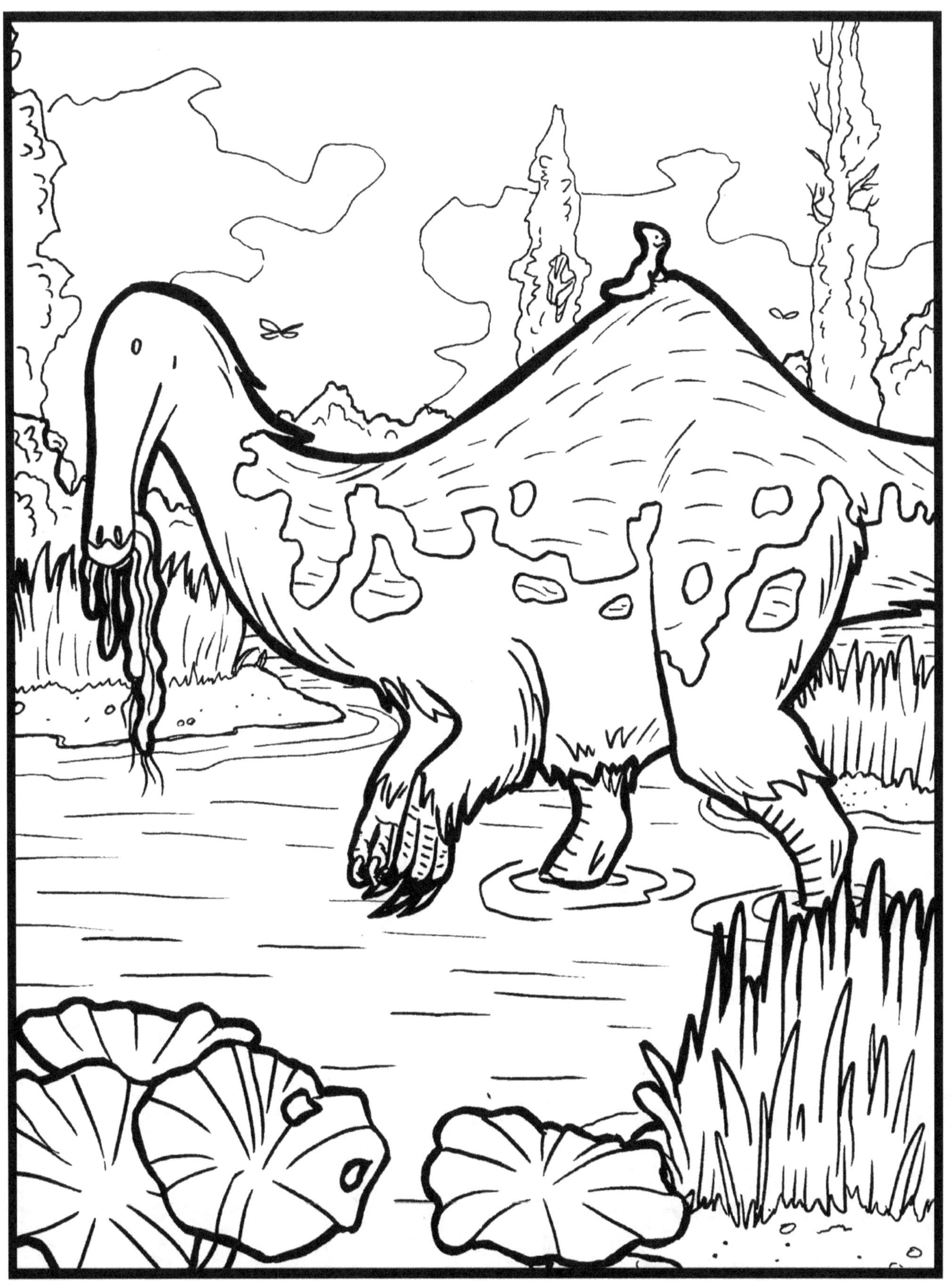

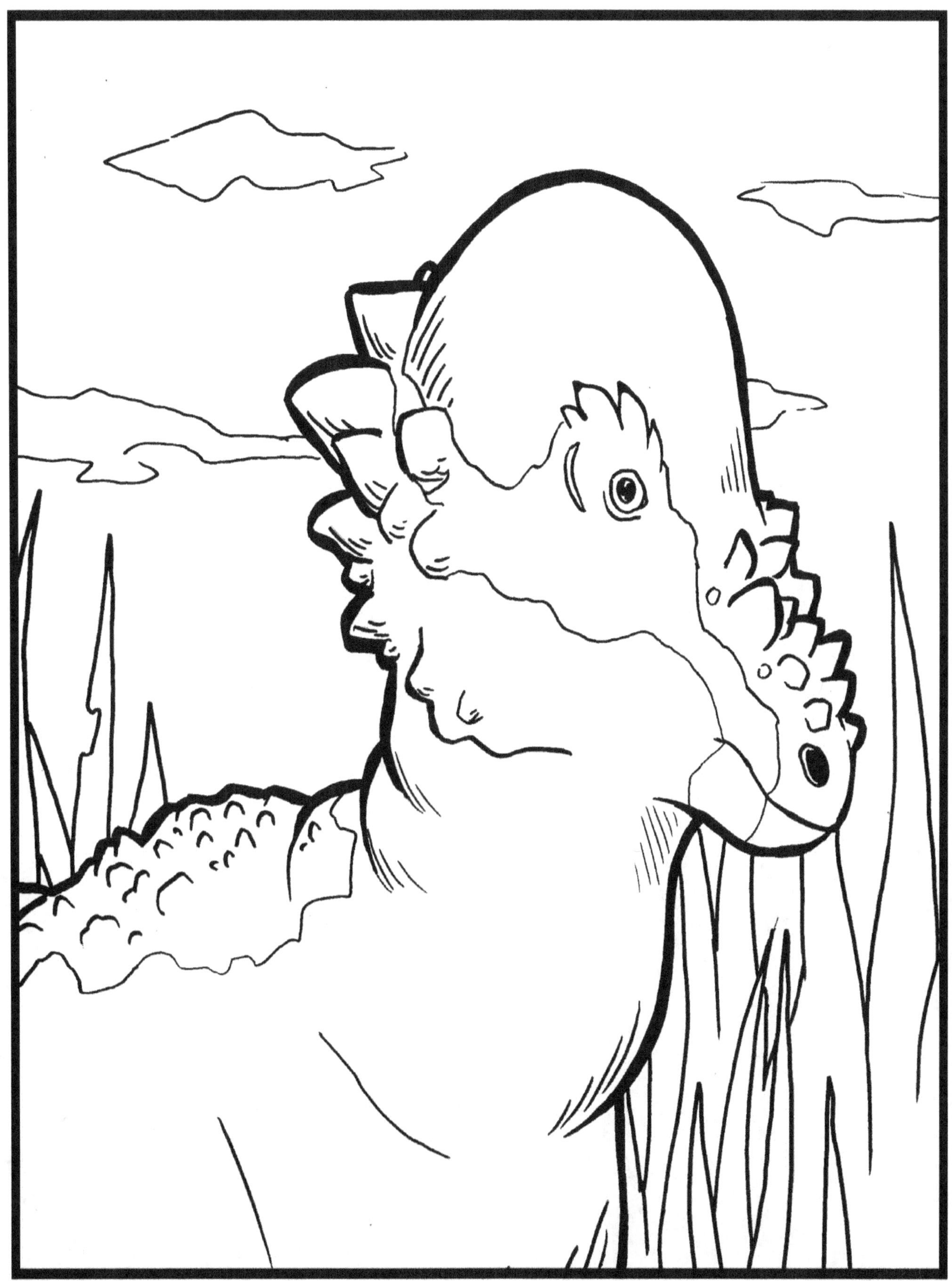

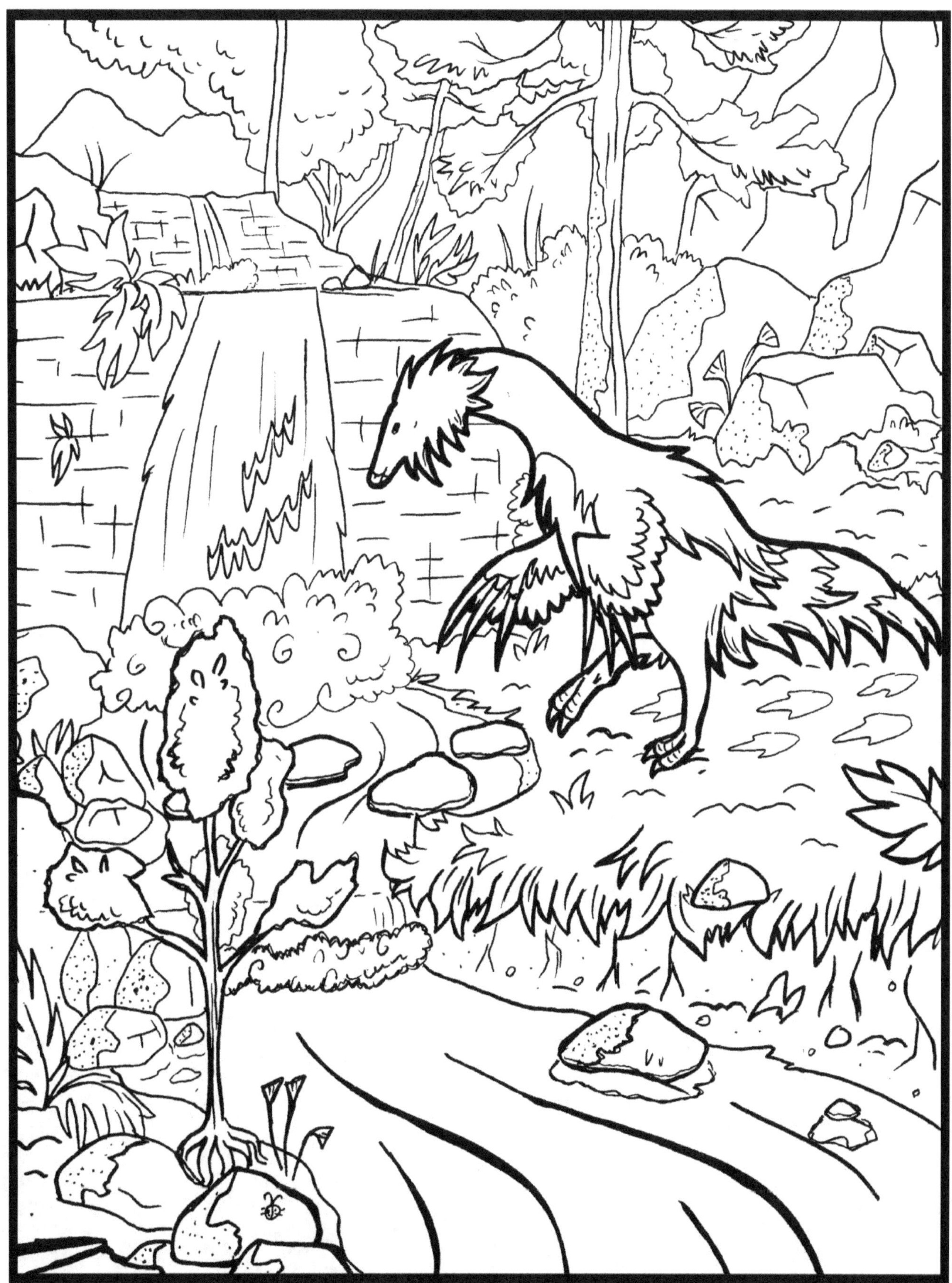

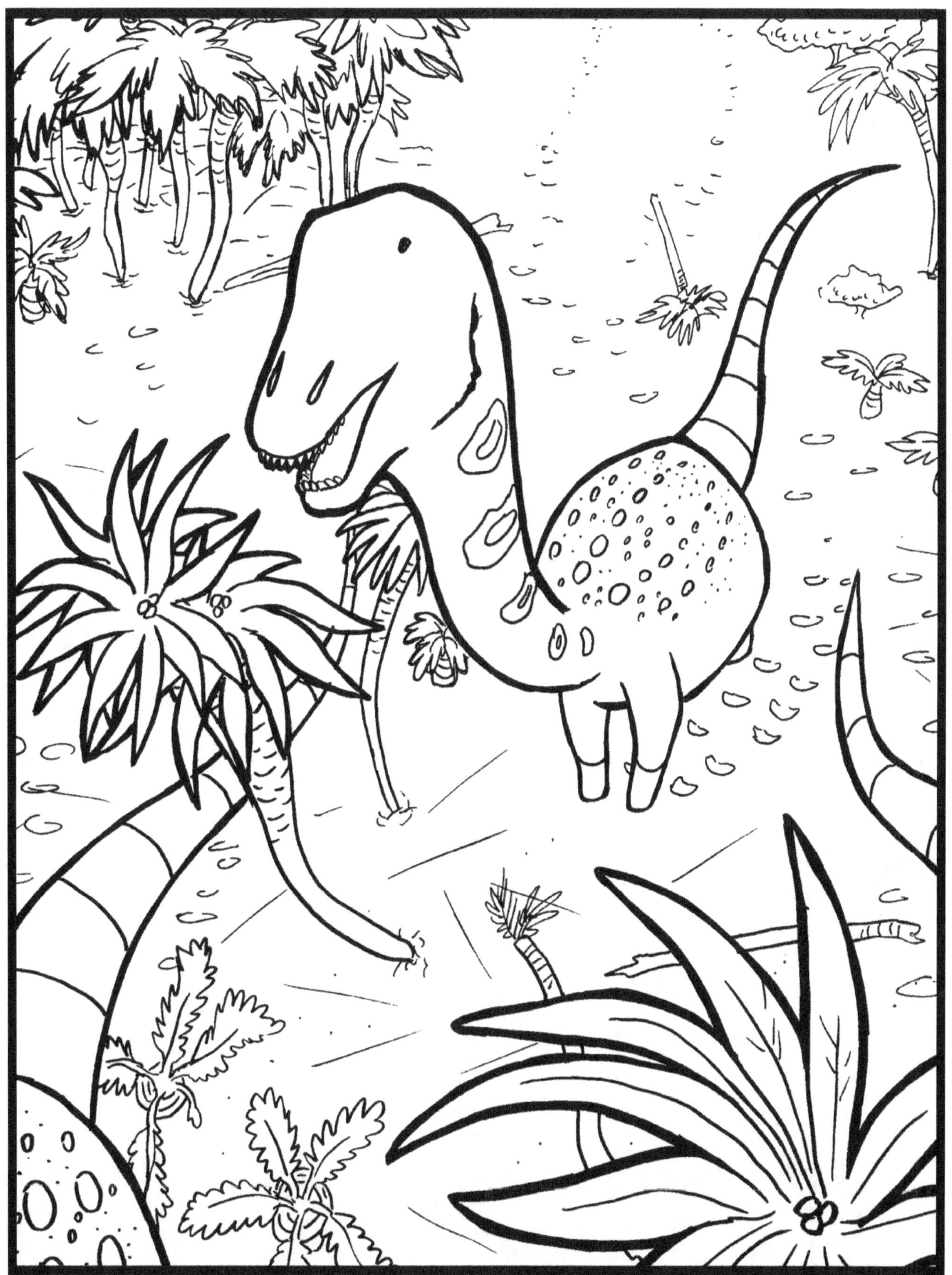

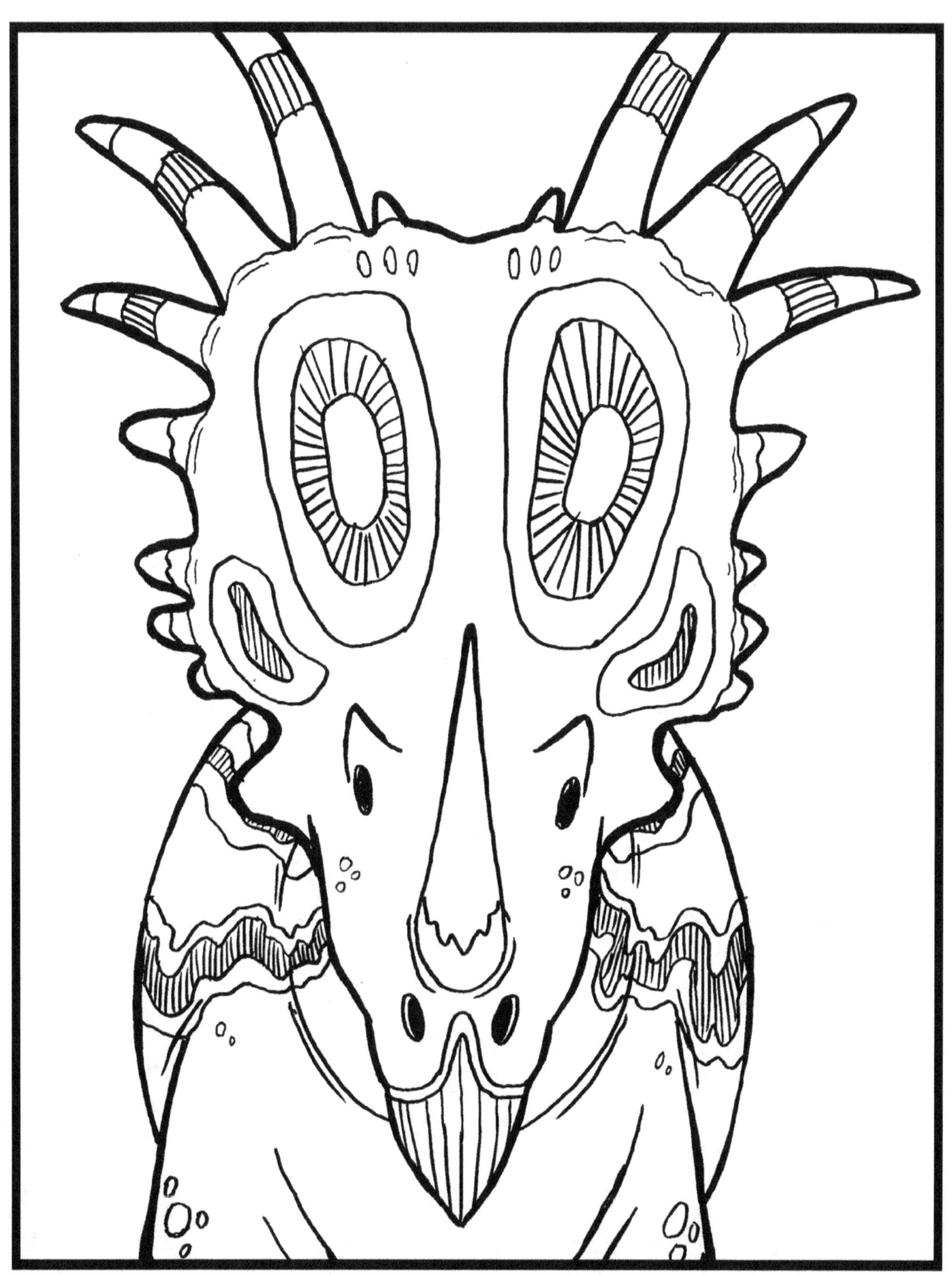

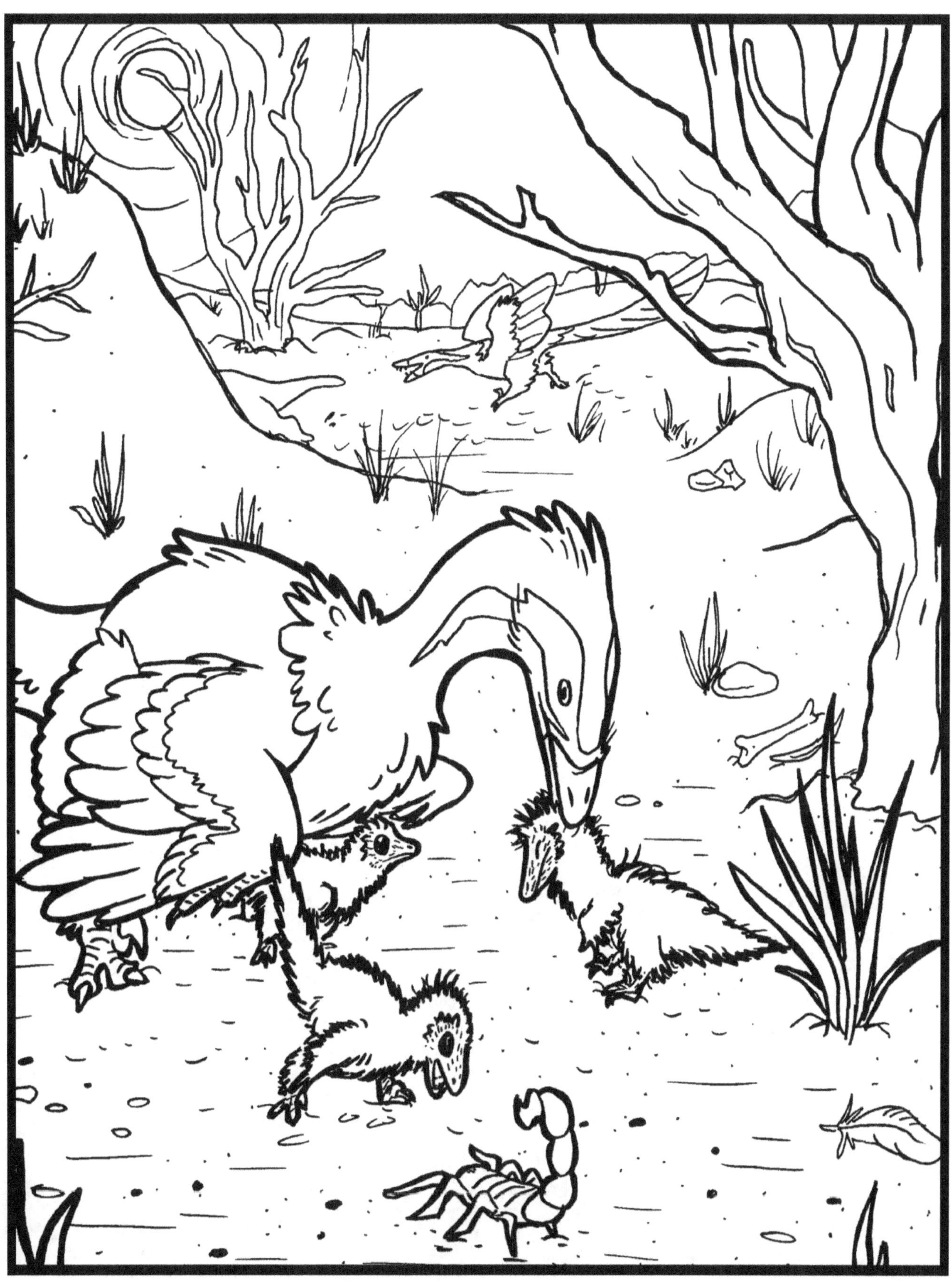

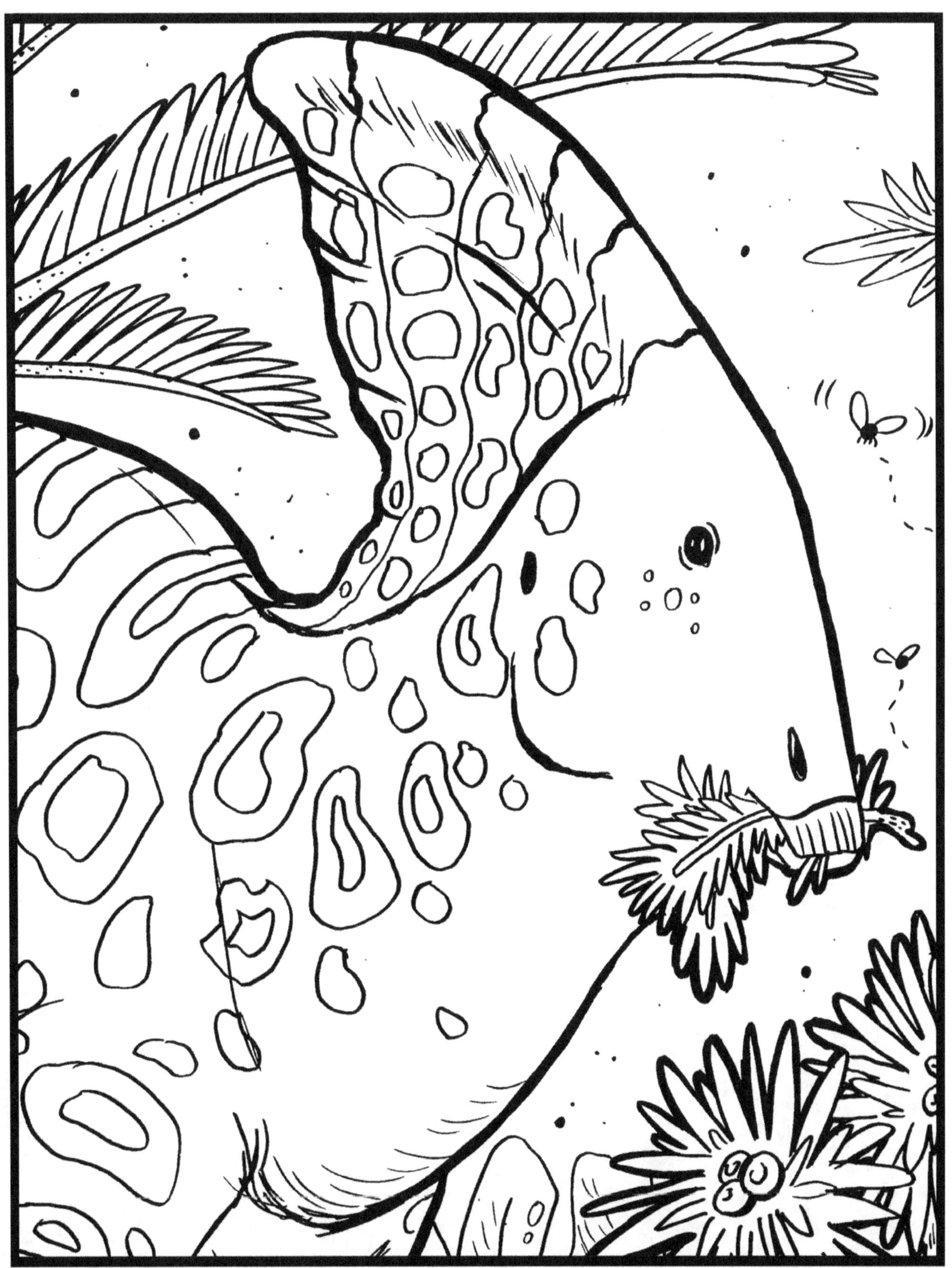

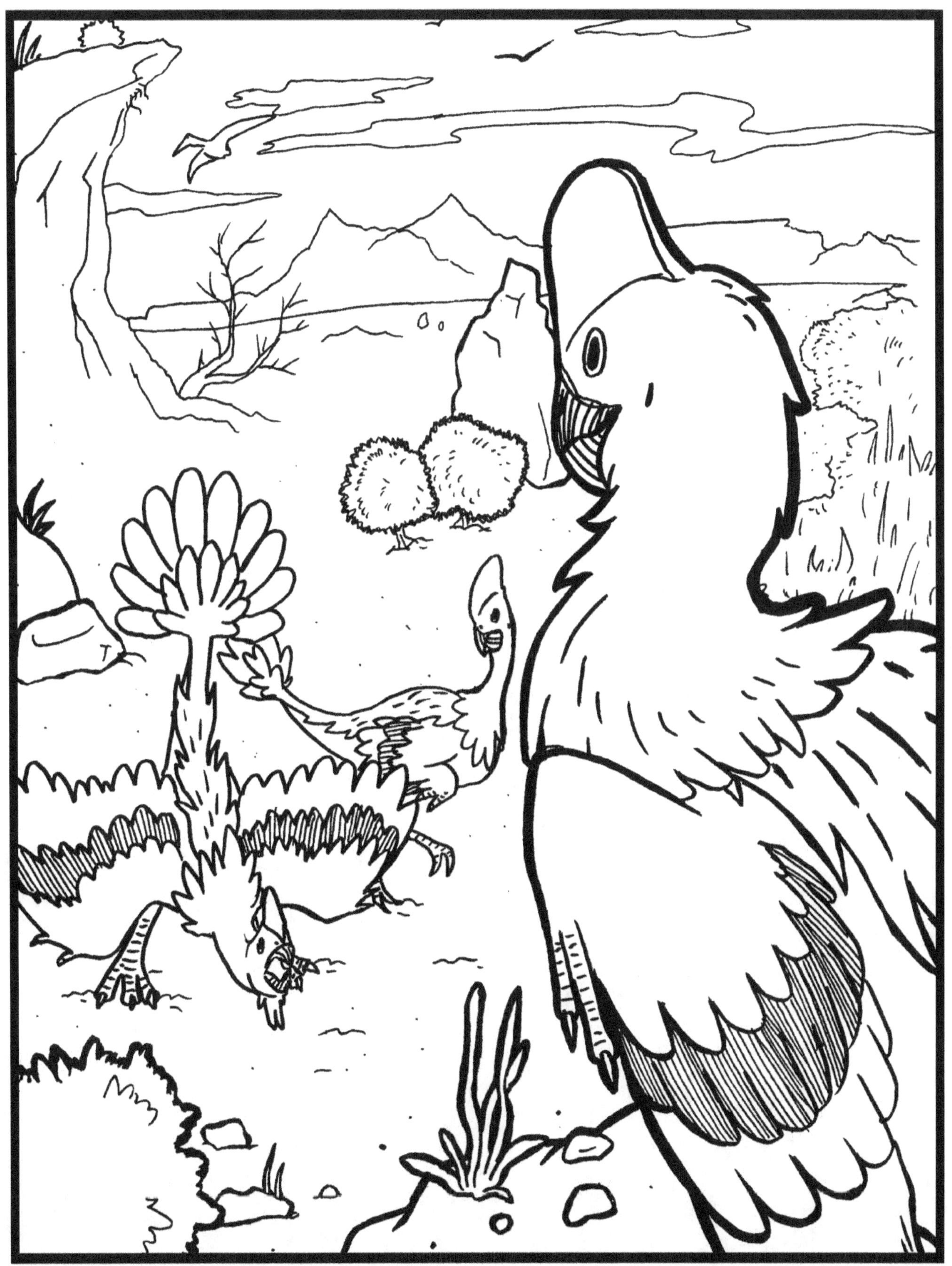

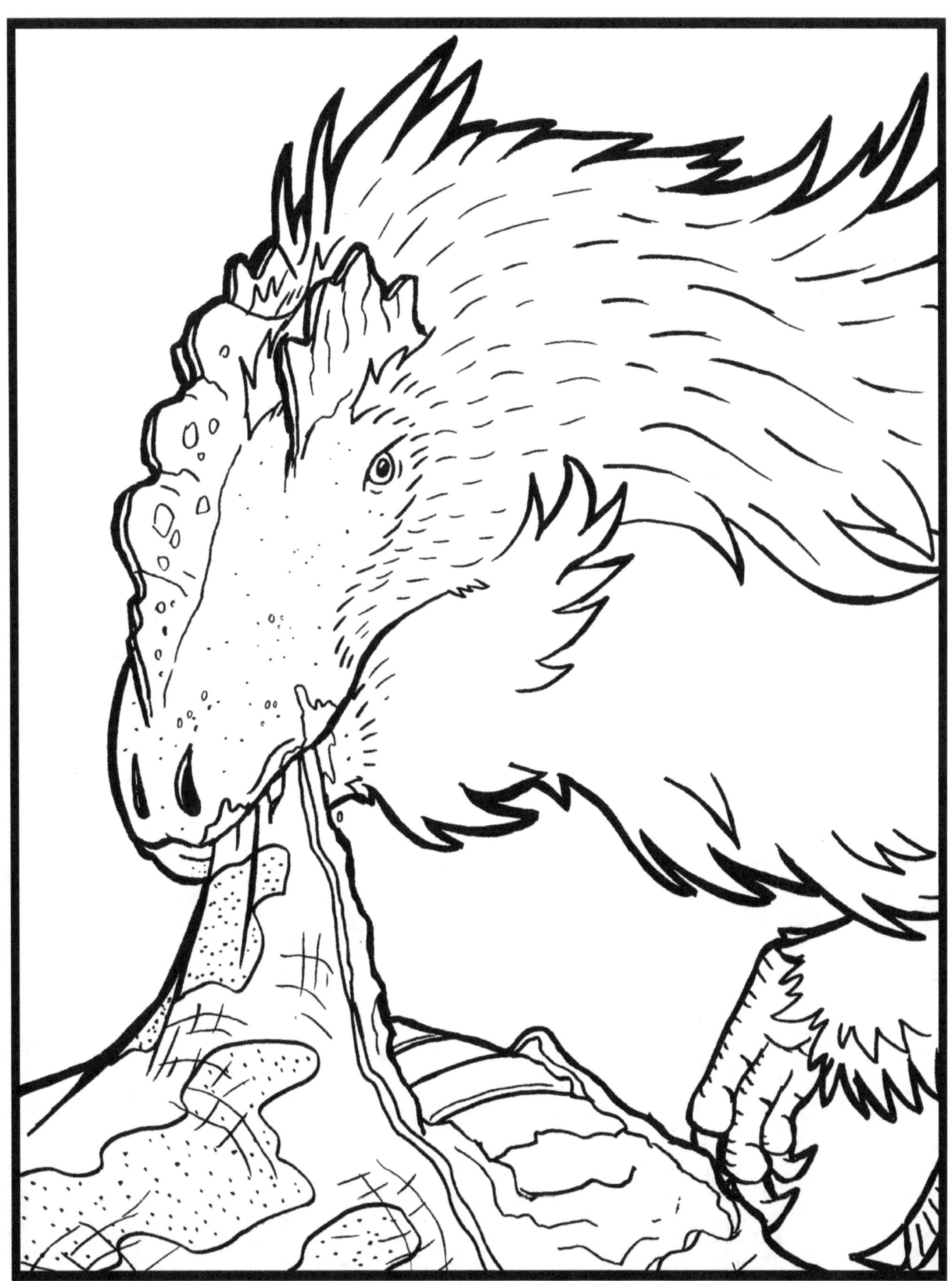

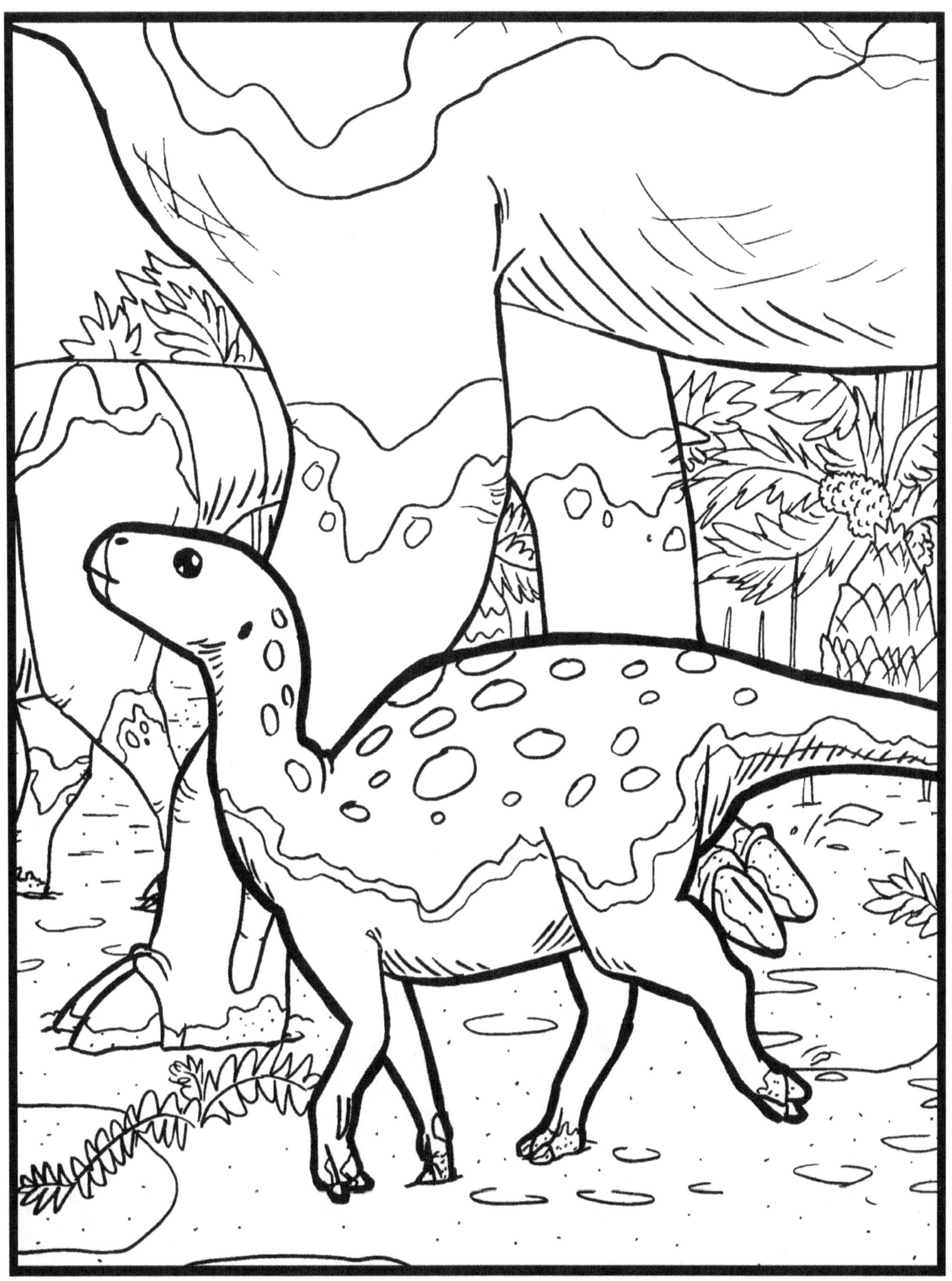

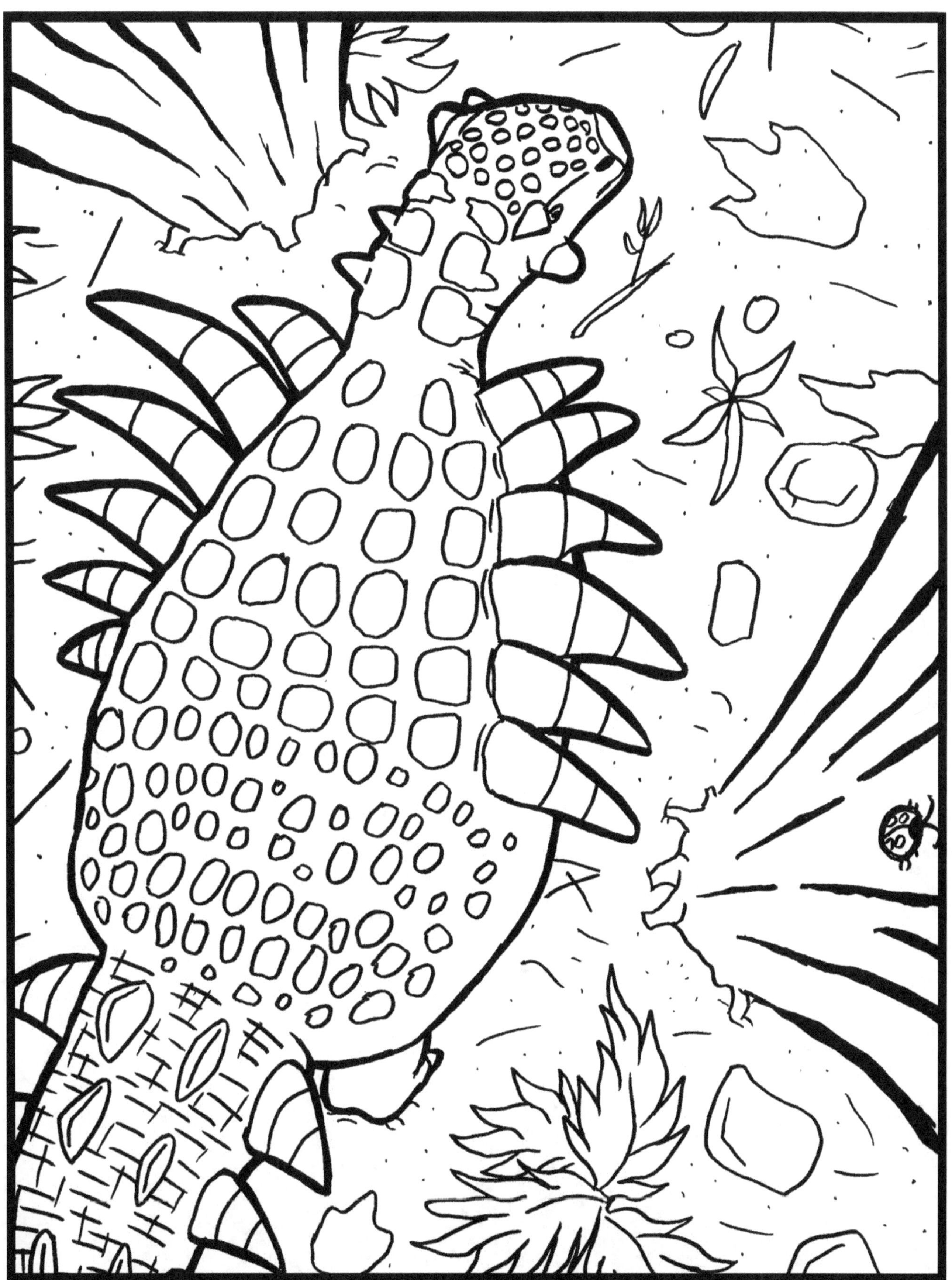

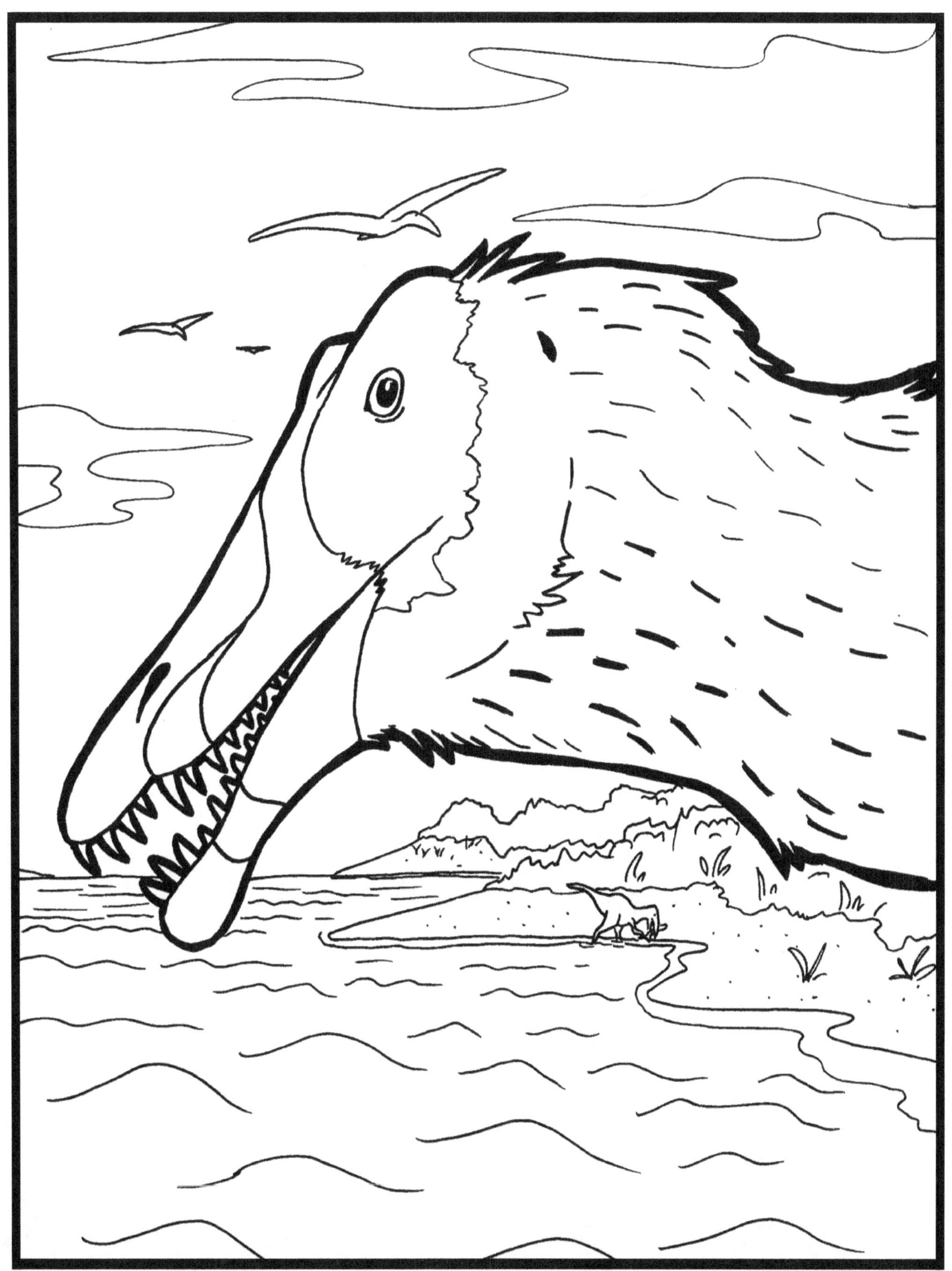

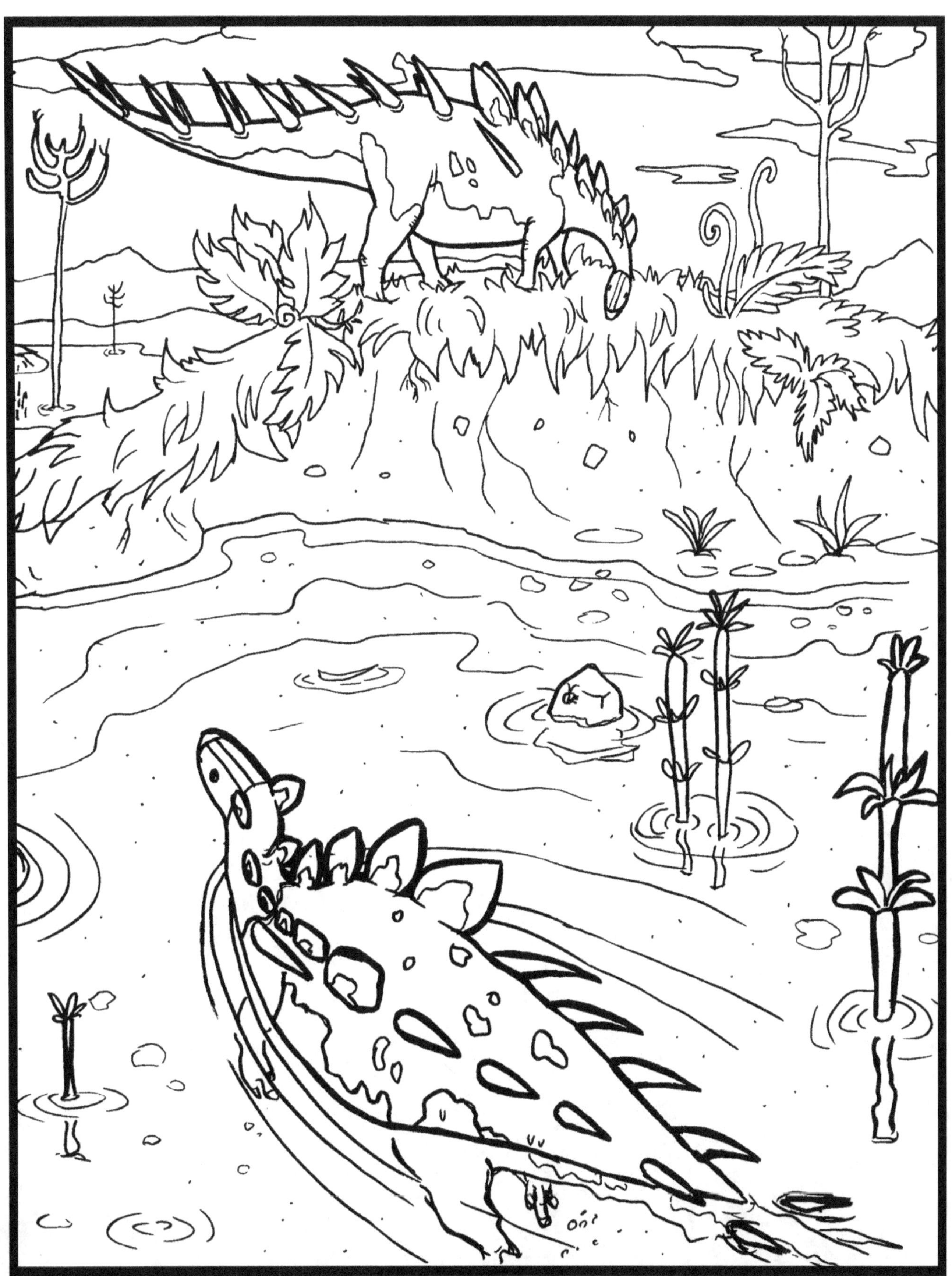

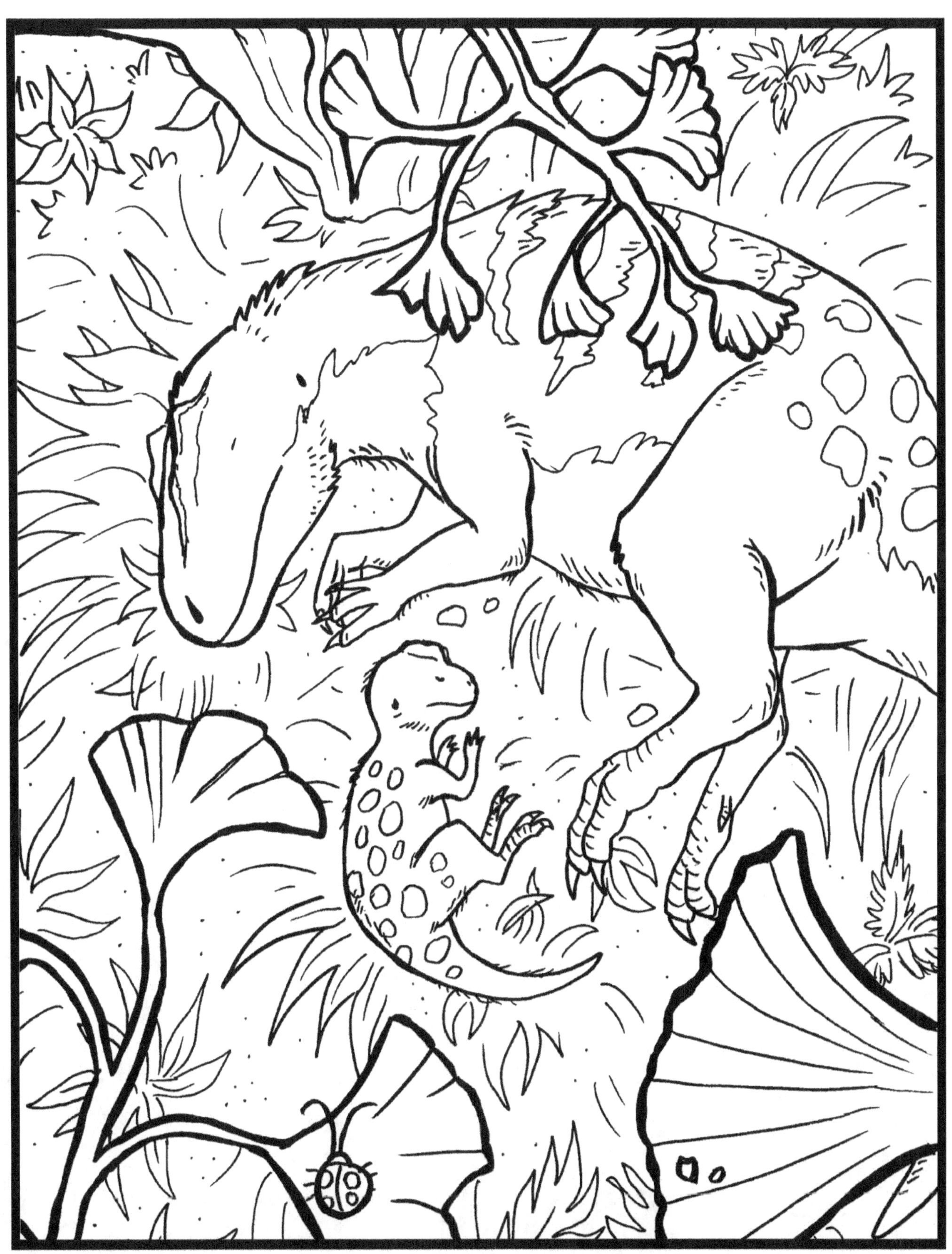

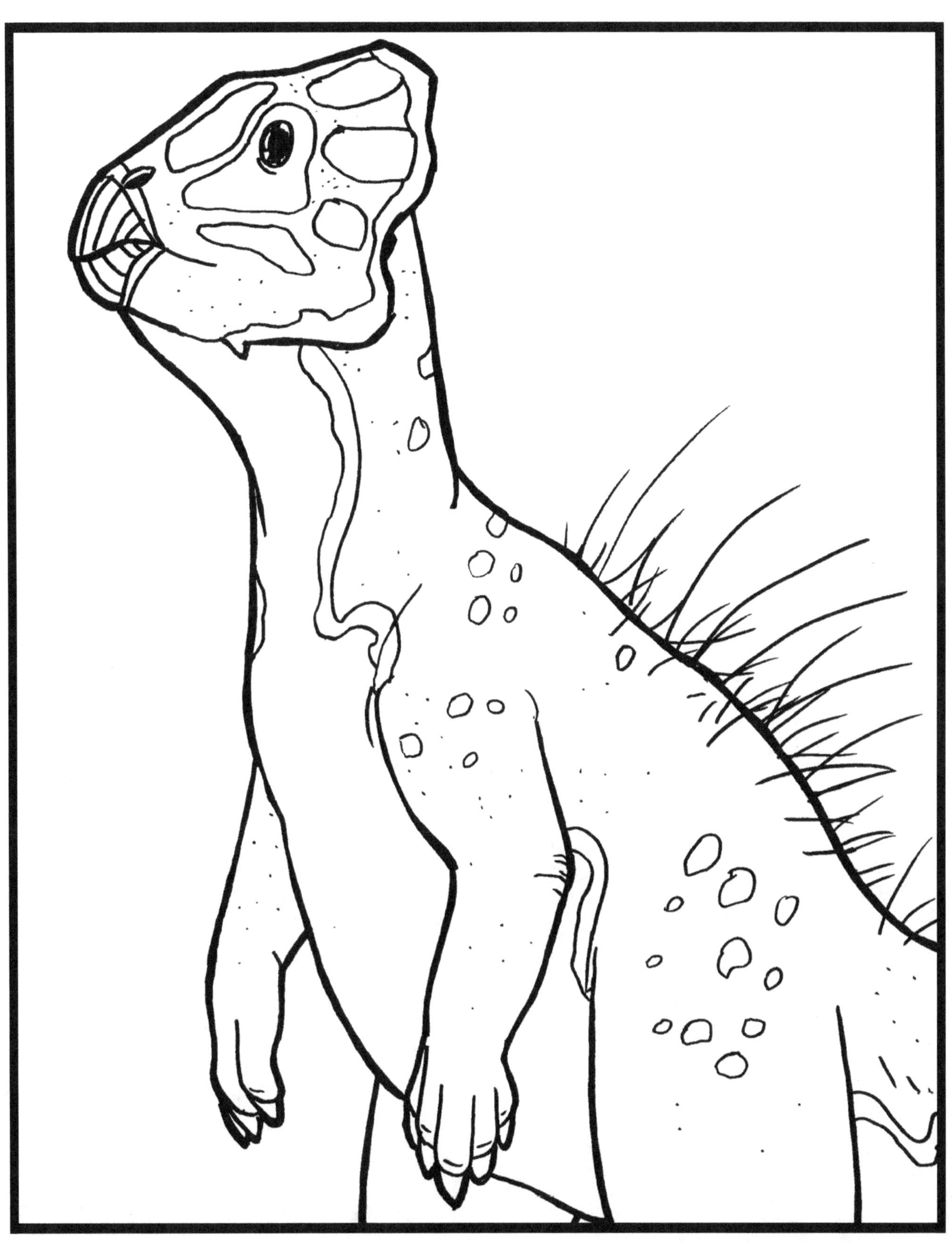

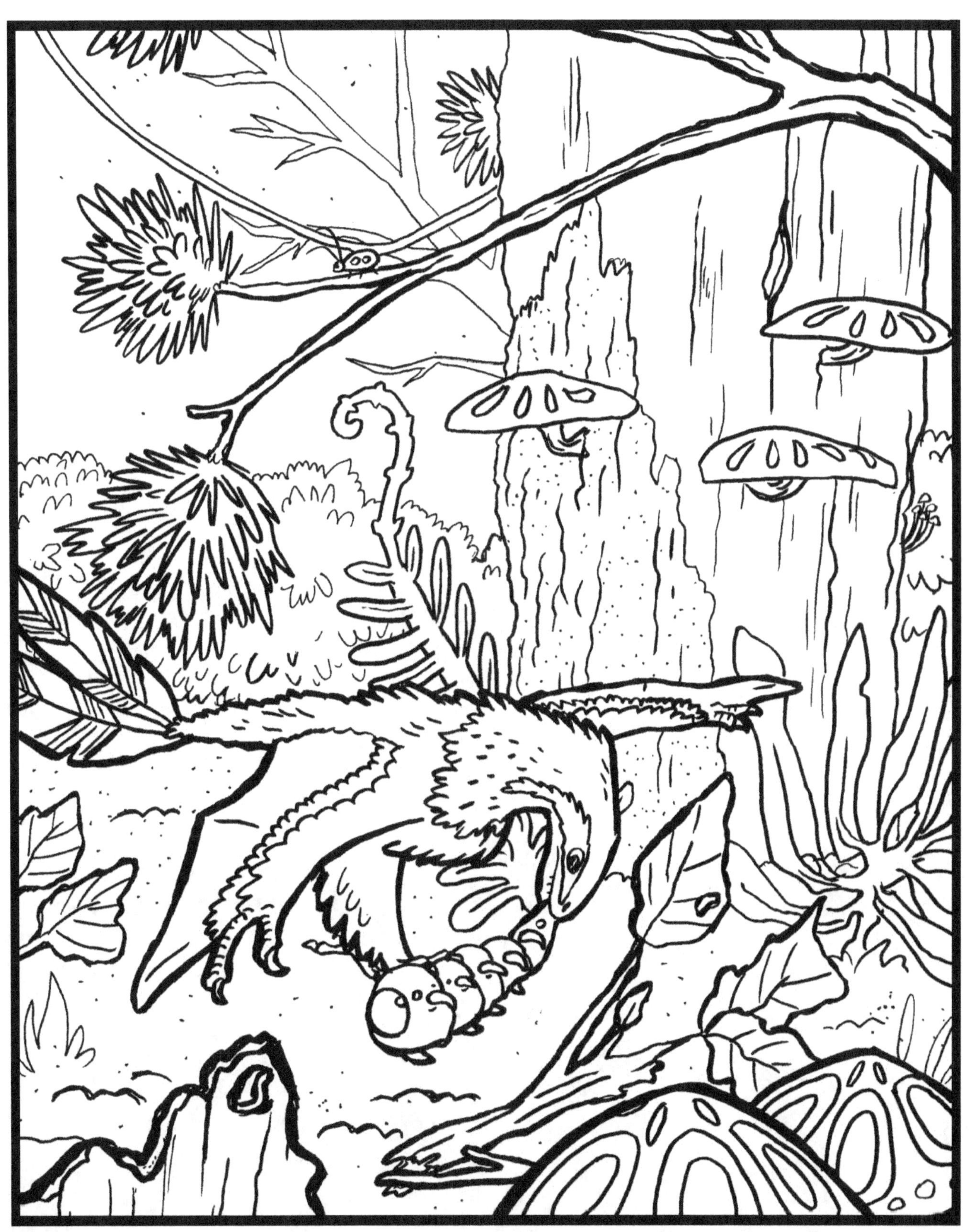

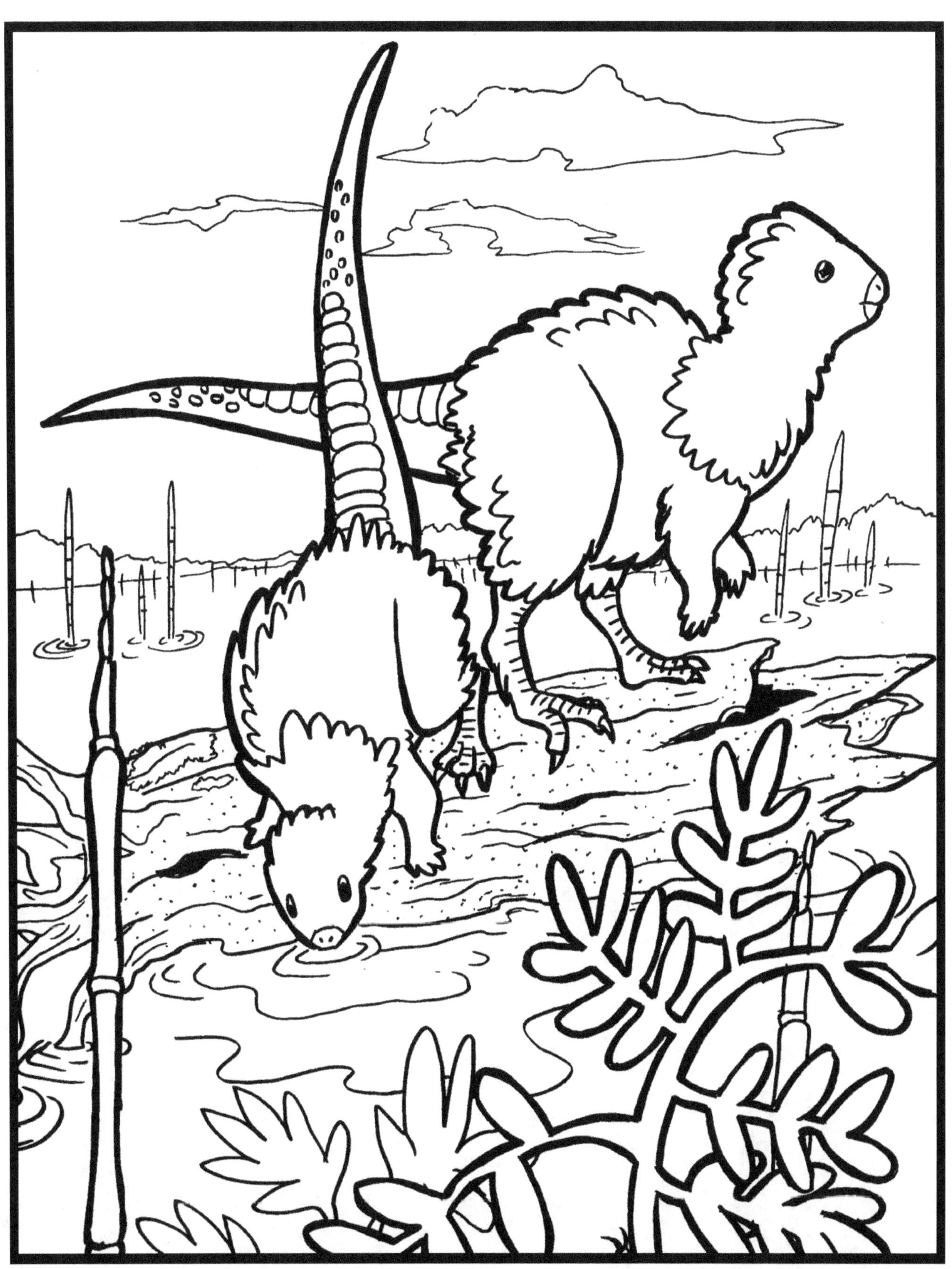

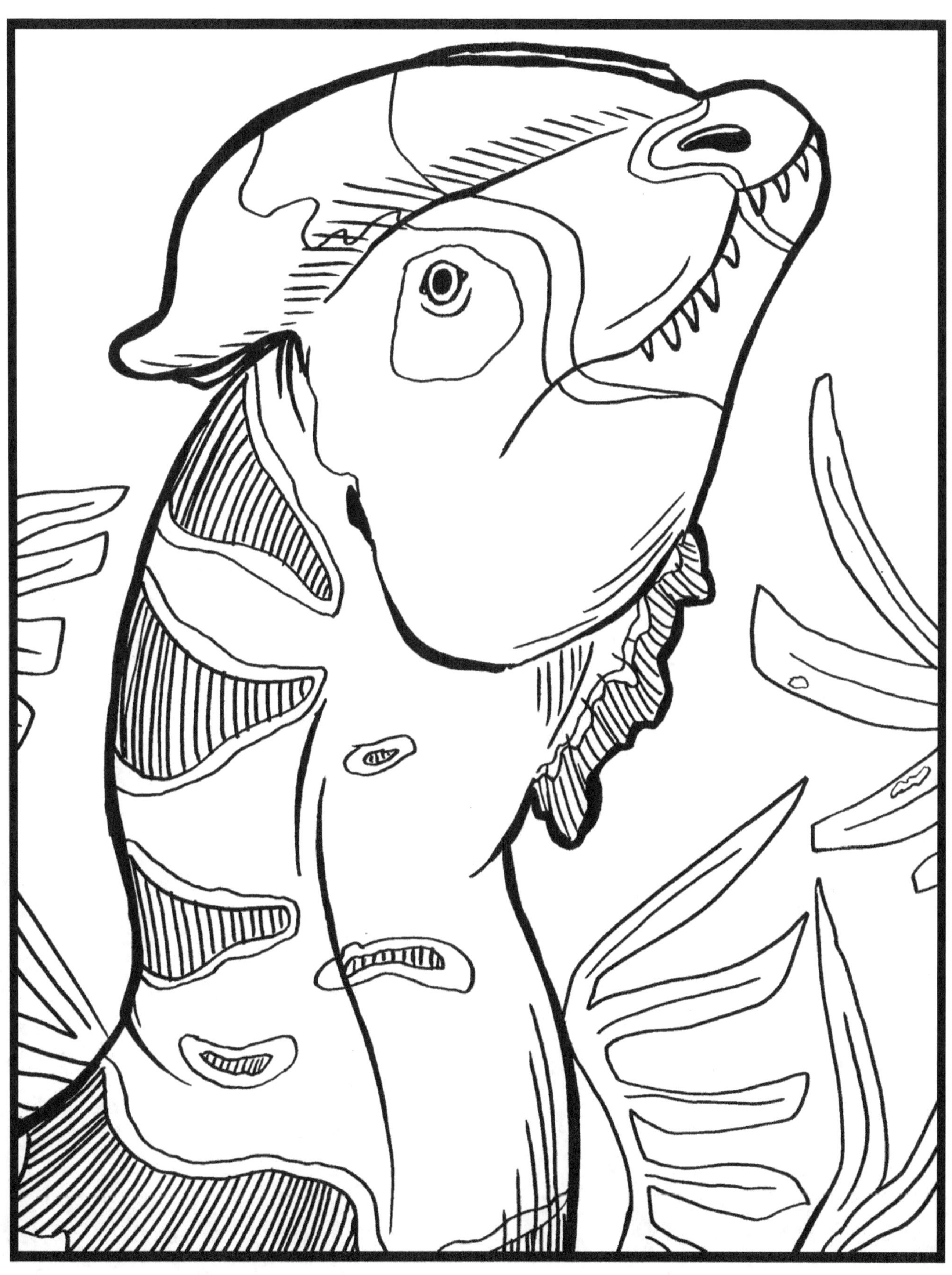

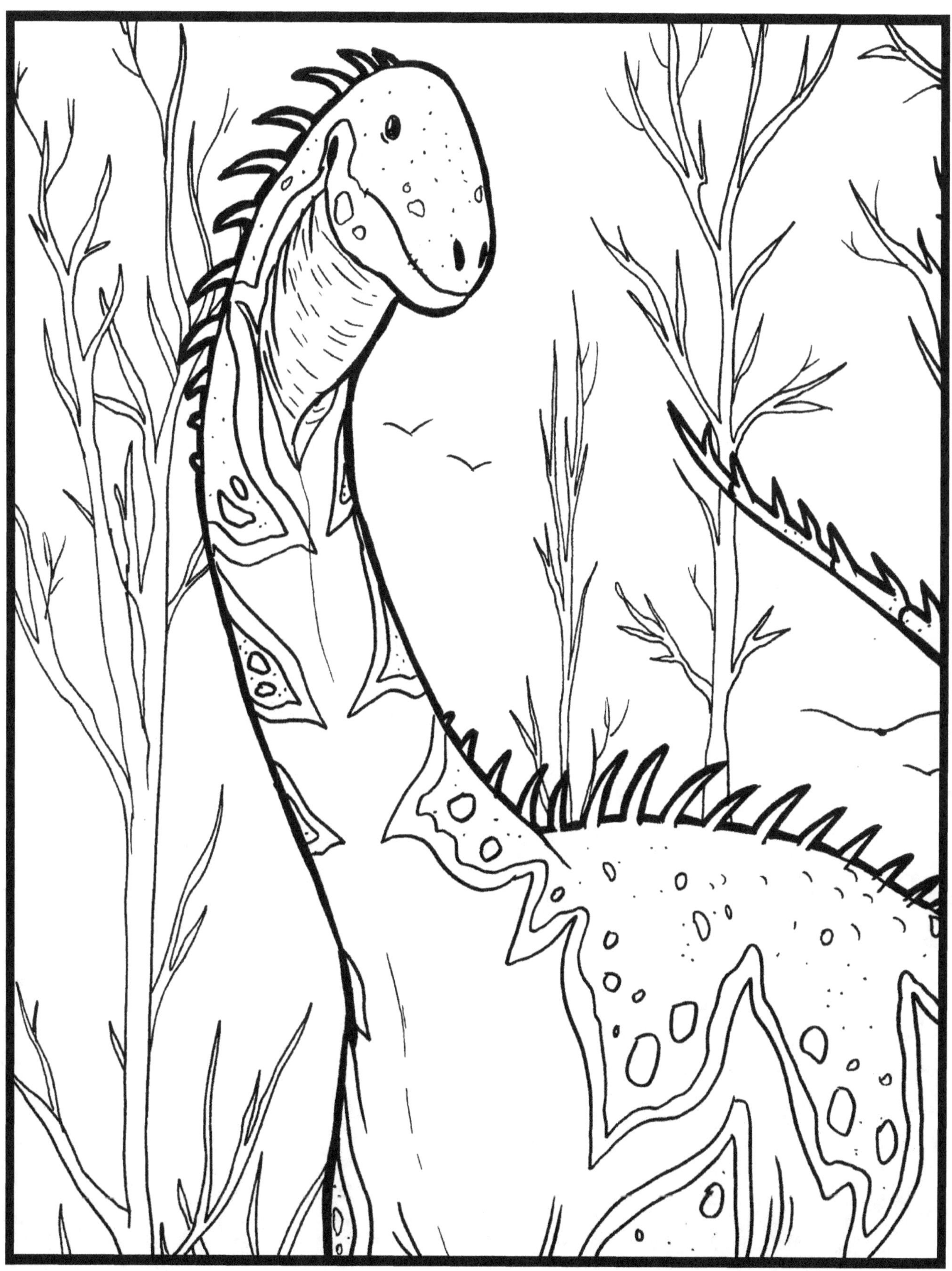

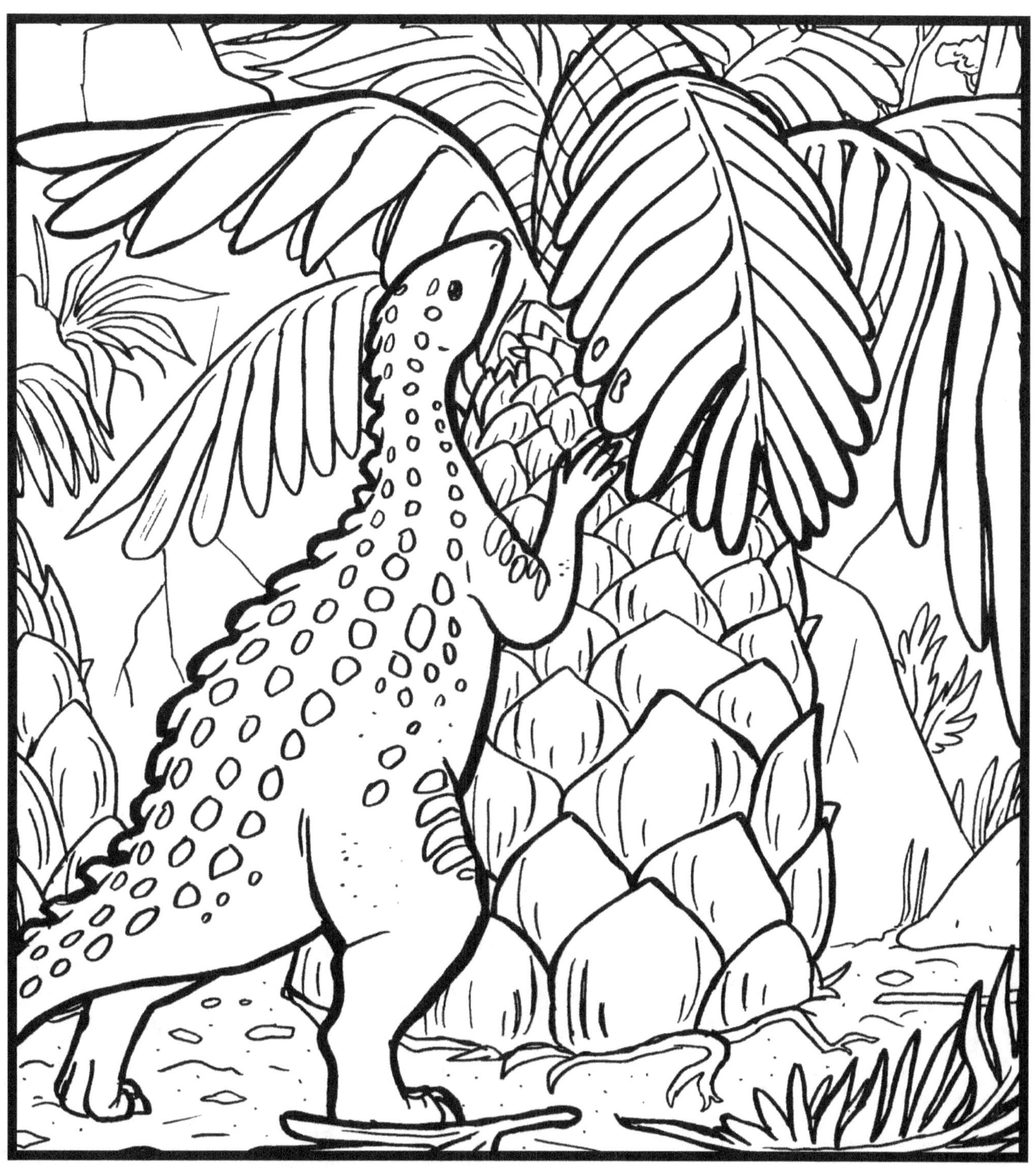